EL NIÑO QUE SABÍA DEMASIADO

EL NIÑO QUE SABÍA DEMASIADO

Una sorprendente historia verdadera de los recuerdos de un niño sobre sus vidas anteriores

CATHY BYRD

Prólogo de Jack Canfield

Grupo Editorial Tomo, S. A. de C. V.
Nicolás San Juan 1043
03100, Ciudad de México.

1.ª edición, septiembre 2017.

© The Boy Who Knew Too Much
Copyright © 2017 por Cathy Byrd
Publicado originalmente en inglés por Hay House, Inc., USA

© 2017, Grupo Editorial Tomo, S. A. de C. V.
Nicolás San Juan 1043, Col. Del Valle
03100, Ciudad de México.
Tels. 5575-6615, 5575-8701 y 5575-0186
Fax. 5575-6695
www.grupotomo.com.mx
ISBN-13: 978-607-415-824-3
Miembro de la Cámara Nacional
de la Industria Editorial N.° 2961

Traducción: Graciela Frisbie
Diseño de portada: Karla Silva
Fotografía portada: Tricia Breidenthal; interiores: Pamela Homan;
fotografías a color 1, 2, 4, 7–12, 14–15 cortesía de la autora;
fotografía en la pág. 1 de Karen Halbert Photography; fotogarfías en las
págs. 3, 11–12 cortesía del National Baseball Hall of Fame Library,
Cooperstown, NY; fotografías en las págs. 4–6 cortesía de Ed Lobenhofer;
fotografías en las págs. 6 y 13 de Jon SooHoo/Los Angeles Dodgers
LLC.; fotografías en las págs. 8 y 12 de Charlotte Haupt; fotografía de la
pág. 9 de Peter Lars © Cornerstone Photography; fotografía en la página
13 cortesía de Ken Hawkins; fotografía en la pág. 14 © Ultimate
Exposures, Inc.; fotografía pág. 15 cortesía de Lori Dickman; fotografía
pág. 15 de Marc Belmonte; fotografía pág. 16 de Michael Coons;
fotografía contraportada: Bettmann Collection/Getty Images.
Formación tipográfica: Marco A. Garibay
Supervisor de producción: Leonardo Figueroa

Para Charlotte y Christian,
con el deseo de que siempre vean la vida
como una intrépida aventura.

Contenido

Prólogo

Como ávido lector y coautor de más de 150 libros puedo decir con honestidad que la historia que tienes en las manos es una de las que más invita a la transformación y a la reflexión. Como coautor de los libros *Caldo de pollo para el alma*® recibo una gran cantidad de solicitudes para hacer recomendaciones de libros y, puesto que no me tomo el asunto a la ligera, son muy pocos los que me siento obligado a sugerir. No obstante, este extraordinario libro no solo me atrapó desde el principio y no dejé de pasar las páginas hasta que lo terminé, sino que no podía evitar hablar de él a cuanta persona me encontraba. Así que estás a punto de embarcarte en un viaje excepcional que muy posiblemente cambie para siempre tu manera de ver la vida y la muerte.

A primera vista, la historia de Cathy Byrd quizá te suene tan inverosímil como le sonó a ella. Lo que hace que esta narración sea verdaderamente irresistible es que Cathy Byrd es cristiana y no creía en la reencarnación. Conforme la acompañes en el milagroso viaje de una madre que intenta dar sentido a las cosas que su pequeño hijo le dice sobre su vida anterior, como jugador profesional de beisbol, te verás forzado a revisar tus propias creencias en cuanto a la vida antes de la vida en este planeta y después de la muerte. Además, también te inspirará para que escuches a tu intuición; para que escuches a los niños que tienes a tu alrededor; a que ames sin límites, y a que saques el mejor provecho de cada día que se te presenta como una bendición. Verás que este libro en realidad es como si fueran varios libros en uno. Además de ser una obra sobre la reencarnación, también plantea el tema de cómo aprender a escuchar y a confiar profundamente en nuestros niños; es un libro sobre beisbol, y sobre la manera en que el universo conspira constantemente para presentarte eventos que expandirán tu conciencia.

Siempre he creído que somos seres espirituales infinitos, que viven una experiencia humana temporal en la tierra, y *El niño que sabía demasiado* es un poderoso testimonio de esta profunda creencia. Cuando tenía dieciséis años de edad escuché por primera vez el concepto de que el alma vive más de una vida. Crecí en un hogar cristiano, por lo que todo esto era nuevo para mí, pero algo me sonó a verdad. Cuando estaba haciendo una maestría en la Universidad de Massachusetts, un profesor me dio el libro *Vida después de la vida*, del Dr. Raymond Moody, y más tarde me obsequió *Vida antes de la vida*, de la Dra. Helen Wambach, y ambos libros aumentaron mi creencia en las vidas anteriores. Desde ese tiempo tuve varios recuerdos vívidos de vidas anteriores; algunos se presentaron de manera espontánea y otros con la ayuda de psicólogos. Y también he leído muchos reportes académicos sobre el tema.

Así que, la historia de Cathy y su hijo, Christian Haupt, no me sorprendió, pero me cautivó por completo. Nunca había leído un relato tan extenso, tan bellamente escrito, tan verdadero y transparente sobre las revelaciones progresivas de los recuerdos de la vida pasada de un niño y la paulatina aceptación de su escéptica madre. Puesto que hay tantos giros inesperados en el camino, no quiero develar más detalles porque temo arruinar tu propia experiencia ante el misterioso desarrollo del libro.

Lo que sí puedo decir es que creo que esta historia te tocará en diferentes aspectos: como padre, como investigador espiritual y como fan del beisbol. Lou Gehrig es una de las leyendas de este deporte, y la historia de su relación con su madre y con Babe Ruth es fascinante. No importa cuánto sepas sobre su complicada relación con Babe Ruth, conocerás más sobre sus vidas.

Como fan del beisbol que vivió en Los Ángeles durante más de diez años, siempre he admirado a Tommy Lasorda, antiguo mánager de los Dodgers de Los Ángeles, en especial desde el tiempo en que Mark Victor Hansen y yo escribimos *Chicken Soup for the Baseball*

Fan's Soul (*Caldo de pollo para el alma del fan del beisbol*) con él, pero al leer lo rápido que reconoció a Christian como un joven prodigio del beisbol y se hizo su amigo, al igual que de su familia, y lo apoyó de maneras maravillosas, aprendí más sobre su gran compasión y profunda humanidad.

Primero tuve la buena suerte de conocer a Cathy cuando se puso en contacto conmigo por correo electrónico para solicitarme una recomendación para su libro. Después de leerlo estaba más que dispuesto a darle una excelente recomendación, y lo hice. Unas cuantas semanas después se inscribió a un taller que di para un pequeño grupo de personas en Maui. Durante los cinco días del taller, todos nos enamoramos de ella, de su pasión, su entusiasmo, su amor por la vida, su sentido del humor, su autenticidad y honestidad, su apetito por aprender, su dedicación a su misión, su sincero apoyo a cada persona del taller y su inagotable energía.

Una semana después de regresar de Maui, Cathy se puso en contacto conmigo y me pidió que considerara la idea de escribir un prólogo para el libro. En un principio pensó que el Dr. Wayne Dyer podría escribirlo, hasta que el destino intervino. Wayne conoció a Cathy y a su hijo, Christian, en el taller de escritores de Hay House, llevado a cabo en Maui, en junio de 2015, solo dos meses antes de que falleciera. Resulta que a Wayne también le apasionaba el tema de los recuerdos de los niños sobre sus vidas anteriores y, por lo tanto, se volvió un gran partidario del libro que estás por leer.

Cuando Cathy conoció a Wayne, él estaba dando los toques finales para el último libro que escribiría, *Memories of Heaven*, una recopilación de historias sobre niños de todo el mundo que llegaron aquí con recuerdos del Cielo, recuerdos que refuerzan la idea de que el alma nunca muere. Wayne y su coautora, Dee Garnes, reunieron cientos de miles de anécdotas personales sobre niños que relataban sus recuerdos de cómo eligieron a sus padres para este viaje; que tenían amigos invisibles que solo ellos veían, recuerdos de vidas anteriores, visitaciones con Dios y mucho más. Las experiencias descritas en *Memories of Heaven* dan pistas de un reino espiritual infinito mucho más grande del que podemos percibir con nuestros cinco sentidos.

Wayne, padre de ocho hijos, tuvo su propia experiencia con una hija que llegó al mundo con recuerdos de su vida anterior. Cuando apenas gateaba, su hija Serena habló en un idioma extranjero; solía hablar sobre su "otra" familia y describía gráficamente aviones que soltaban bombas y arrasaban con su pueblo. Escuchar estas cosas extrañas de la boca de su hija fue lo que convenció a Wayne de que todos llegamos a esta vida con recuerdos y experiencias de nuestras vidas anteriores.

No creo que fuera coincidencia el hecho de que la última obra de Wayne, publicada después de su muerte, hablara sobre el Cielo. Aquí tienes algunos de los pensamientos de Wayne sobre el tema de los recuerdos de los niños de sus vidas anteriores en un extracto de *Memories of Heaven*:

Hay cada vez más evidencia que está siendo sujeta a estrictos procedimientos de análisis científico que señala el hecho de la "vida antes de la vida". Ahora, esta idea es una conclusión verificable por parte de quienes han estudiado este fenómeno a profundidad. Hace mucho que defiendo que los niños son mucho más que solo seres biológicos moldeados por su composición genética y por el ambiente en el que se encuentran. Son esencialmente seres espirituales que traen sabiduría y una gran cantidad de experiencias por haber vivido aquí en vidas anteriores.

Quienes somos obviamente no son estos cuerpos en los que habitamos… Lo que podemos concluir, a partir de lo que nos dicen nuestros niños, en que nuestra alma es indestructible y la manera en que trasciende al tiempo y al espacio sigue siendo un misterio para nosotros.

Sugiero que comiences a ver a todos los niños pequeños que te rodean como recién llegados del Cielo. Hazles preguntas sobre sus recuerdos. Lo más importante es que no deseches nada de lo que digan, sin importar lo absurdo que pueda parecerte. Esfuérzate por integrar a tus niños en tus conversaciones y, más que creer que tú eres su maestro, permite que asuman ese rol contigo. Sé inquisitivo y escúchalos con atención, motivándolos e interesándote de manera genuina en lo que te platiquen.

Sé consciente de que los pequeños que comparten esas palabras misteriosas, que no siempre te parecen fáciles de comprender, hablan con su propia verdad. Deja que su honestidad y su emoción sobre esos "extraños" recuerdos del Cielo te recuerden que tú también fuiste un niño pequeño y que ese niño pequeño mora en ti todo el tiempo.

Dr. Wayne W. Dyer

Como nos enseña *El niño que sabía demasiado*, es importante que nunca desechemos ni dudemos de esos recuerdos que fluyen de la boca de los niños y recordemos la famosa anotación de Mark Twain: "No es lo que no sabes lo que te mete en problemas, sino lo que sabes con seguridad que no es así".

Dicho lo anterior, creo que a Mark Twain le habría gustado mucho este libro. A mí me encantó y confío en que a ti también te agrade. Por increíble que pueda parecer a veces, la historia de Cathy es verdadera. Si se lo permites, tiene el potencial de volver a despertar en ti una apreciación del mágico misterio de la vida y de la gran aventura que es, llena de cosas que quizá nunca terminemos de entender y ante las cuales solo podemos asombrarnos o maravillarnos.

Y ahora, te invito a que te pongas cómodo, te relajes y disfrutes la increíble e inspiradora historia de Cathy.

Jack Canfield
Coautor de la serie de libros
Caldo de pollo para el alma®,
líder en ventas del *New York Times*.

Introducción

"¡Los niños dicen las cosas más sorprendentes!" era el eslogan de *Art Linkletter's House Party*, un famoso programa de televisión de la década de los sesenta. Dado que uno de los dones de la niñez es la infinita imaginación, el programa de *Art* presentó durante décadas una serie de temas profundos y divertidos.

Es fácil pasar por alto lo que sale de la boca de los niños, pero si se les pone un poco de atención a esas "cosas sorprendentes", descubrirás que a veces revelan una inocente sabiduría. La fascinante historia que estás a punto de leer es como muchas otras historias similares que han sucedido a familias de todo el mundo. La mayoría de esas familias han mantenido esas historias en secreto para evitar hacer el ridículo en esta sociedad moderna. La historia relata los recuerdos de vidas anteriores de un niño pequeño, Christian Haupt, que se acoge a la sorprendente posibilidad de que vivimos más de una vida en esta tierra. Aunque "sorprendente" es un término relativo, pues muchas de las grandes religiones están abiertas a la posibilidad de la reencarnación.

En el ejercicio de mi profesión como neurocirujano, he estudiado el cerebro, la mente y la conciencia. A los 54 años de edad pensé que estaba próximo a comprender la relación entre los tres. Pero en noviembre de 2008, de manera repentina e inesperada, toda mi visión del mundo se hizo añicos al quedar en estado de coma por una meningitis bacteriana severa, y mis doctores no pensaban que tuviera posibilidades de recuperación.

De manera inexplicable, recibí la bendición de recuperarme por completo después de varios meses, pero también descubrí que tenía que reconsiderar todo lo que creía saber sobre la relación del cerebro y la conciencia. Resumí mi dilema y su pronta resolución en el libro *Proof of Heaven* (*La prueba del cielo*), en el que el difícil reto de explicar la rica experiencia de mi odisea espiritual mientras estuve en coma no podía basarse únicamente en el funcionamiento físico del cerebro. A lo largo de los años (como comparto en mi segundo libro, *The Map of Heaven* (*El mapa del cielo*), se ha puesto de manifiesto que toda la comunidad científica está enfrentando un reto semejante al tener que comprender si alguna faceta de nuestra conciencia continúa después de que el cuerpo físico muere. La conciencia parece ser una sustancia primordial del universo que conduce a la aparición de toda la realidad vista como el reino físico.

Es de vital importancia, en esta era científica, el hecho de que nuestros puntos de vista emergentes sobre la naturaleza de la conciencia no solo aceptan la posibilidad de la reencarnación, sino que consideran que la reencarnación ofrece el mayor potencial explicativo de gran parte de la experiencia humana. Esto es especialmente evidente en algunos casos de niños prodigios, incluyendo el protagonista de este libro, Christian Haupt, quien presentó habilidades excepcionales en el beisbol desde muy temprana edad. La reencarnación también podría explicar casos de genios excepcionales, como el compositor infantil Wolfgang Amadeus Mozart y el matemático de clase mundial Srinivasa Ramanujan, entre otros.

A pesar de que algunos podrían descartarla al considerarla una historia basada en lo sobrenatural, las investigaciones científicas modernas sobre la naturaleza de la conciencia, incluyendo los recuerdos de la vida pasada en los niños, sugieren que es simplemente nuestra comprensión del mundo natural lo que necesita ser revisado. Cada vez más, parece que el orden natural de las cosas es uno en el que la conciencia es la "creadora y gobernadora" de este reino, como expresó con tanta elocuencia Sir James Jeans en sus reflexiones sobre los misteriosos hechos surgidos de los experimentos de la mecánica cuántica en relación a la naturaleza fundamental de la realidad.

A veces, las familias se sorprenden o se confunden cuando los niños pequeños, que apenas comienzan a formar palabras, empiezan a hablar de eventos que no tienen nada qué ver con su realidad actual. Reportan sueños de situaciones y escenas que parecen bastante extrañas. Los estudios de casos revelan que los eventos específicos se hablan o actúan en lo que puede parecer un juego de fantasías, pero el niño insiste en que es real. Algunos niños declaran que sus padres son diferentes personas o que viven en otro lugar, y suelen hacerlo con una intensidad emocional tal que no puede ser ignorada. Mientras que algunos padres rechazan tales afirmaciones, otros (como la madre de Christian, Cathy) prestan atención y buscan explicaciones.

Valientes científicos de la Facultad de Medicina de la Universidad de Virginia (UVA) han estudiado casos como el de Christian desde 1967, cuando el Dr. Ian Stevenson, entonces presidente de Psiquiatría de la UVA, fundó la División de Estudios Perceptuales (DOPS, por sus siglas en inglés). Durante los últimos 50 años, el DOPS ha investigado y documentado más de 2500 casos de niños que recuerdan vidas pasadas. Este trabajo ha sido desarrollado por el Dr. Jim Tucker, Director de la DOPS, quien también ha estado implicado en la investigación del caso de Christian.

Los científicos que investigan estos casos entrevistan meticulosamente al niño sobre detalles específicos de sus recuerdos y buscan validar dicha información a través de otras fuentes. Por lo general, se enfocan en aquellos casos en los cuales los detalles de una vida anterior, recordada por el niño, no pudieron haber sido aprendidos a través de medios típicos, en especial a través de los padres y otros miembros de la familia. El rango de edad ideal para descubrir esos recuerdos se extiende de los dos a los seis años. Mientras más pequeño sea el niño, es mejor, pues así se minimiza la posibilidad de que haya adquirido la información por algún medio externo. Es normal que después de los ocho años dichos recuerdos se desvanezcan.

Las investigaciones tienden a evitar los testimonios que implican recuerdos de personas famosas debido a que existe mayor posibilidad de error, dada la amplia disponibilidad de información sobre dichas personas en los libros e Internet. Los científicos prefieren los casos anónimos, en los que la información crucial verificable que respalda la realidad de las conexiones informadas no podría haber llegado al niño a través de medios que estuvieran a su alcance. Así, incluso en los casos que involucran a personas famosas, buscan los hechos más oscuros que generalmente no se pueden conocer a través de fuentes estándar. Sorprendentemente, muchos de estos hechos oscuros se revelan a lo largo de la historia retratada en *El niño que sabía demasiado*.

Un importante regalo de este libro, más allá de la poderosa demostración de la realidad de los recuerdos de la vida pasada en los niños, es su respaldo a la noción de que la reencarnación se refiere a la evolución de un grupo de almas, y no solo a las almas individuales. Solemos reencarnar con otros miembros de nuestro grupo de almas, aparentemente para continuar con las constantes lecciones del alma. Esto se deduce del tema central de tantas experiencias cercanas a la muerte, y de visiones en el lecho de muerte, que implican la aparición del alma de los seres queridos que han fallecido en el momento de la transición del alma —que todos estamos juntos en esto y la conexión con nuestros seres queridos no termina con la muerte del cuerpo físico—. Este vínculo de amor es lo que nos reúne una y otra vez a través de varias vidas.

Muchos reconocerán el valor de la madre de Christian, Cathy Byrd, por su generosidad al hacer pública esta historia familiar tan personal; al poner su propia paz (y la de sus hijos) en un riesgo potencial debido a la posibilidad de respuestas adversas. A fin de cuentas, mantenemos este tipo de creencias cerca de nuestro corazón y ver que son desafiadas despierta intensas pasiones y reacciones.

Sospecho que este libro tendrá su efecto más profundo al provocar que otros compartan experiencias similares que sugieren que somos mucho más poderosos que nuestro cuerpo físico, y que nuestra existencia sirve a un propósito más grande de lo que podemos imaginar.

Así que disfruta la extraordinaria historia del niño Christian Haupt y su madre, y las asombrosas posibilidades que esta y otras historias similares implican para toda

la existencia humana. ¡Abre la puerta a un mayor significado y propósito en la vida, que esté entretejido en un
rico tapiz unido por las conexiones amorosas!

Dr. Eben Alexander
Neurocirujano y autor de
Proof of Heaven (*La prueba del cielo*)
y *The Map of Heaven* (*El mapa del cielo*).

Capítulo 1

La fiebre del beisbol

Nuestro nacimiento no es más que un sueño y un olvido.
El alma que se eleva con nosotros, la estrella de nuestra vida,
ha tenido su lugar en otra parte y viene desde muy lejos.
WILLIAM WORDSWORTH

Cualquier cosa puede pasar en el beisbol. Desde hace exactamente tres años y medio me he convertido en fanática del juego debido al inesperado gusto de nuestro hijo de seis años por el pasatiempo favorito de Estados Unidos. Esta es, sin duda, una historia compartida por innumerables mamás de la liga infantil desde el proverbial primer lanzamiento. Toda madre quiere creer que su hijo será ese uno en un millón que llegará a las Grandes Ligas, sin embargo, esta historia no se trata de eso. Esta es la historia de un niño que nos abrió los ojos a la espléndida historia del beisbol de los años 20 y 30, y nos enseñó que lo que en verdad importa en el día a día es la diferencia que marcamos en la vida de los demás.

Cuando nuestro hijo, Christian Haupt, tenía cinco años, nos llamó por teléfono un representante de los Dodgers de Los Ángeles y nos preguntó si podía visitarnos en casa para hacerle una entrevista a Christian sobre sus aventuras en el beisbol. Quizá parezca extraño que un equipo de las Ligas Mayores de Beisbol tuviera interés en documentar las hazañas de un niño con apenas la edad necesaria para jugar *tee-ball*,[1] pero lo que resultó más interesante no fue el documental de cinco minutos que salió en televisión, sino lo que nuestro hijo había estado diciéndonos en casa durante los últimos dos años: que en otra vida había sido un "gran jugador de beisbol". Hasta ese momento, esa historia solo la habíamos compartido con la familia y con nuestros amigos más íntimos.

Cuando Christian cumplió cinco años, más de cinco millones de personas habían visto en YouTube sus videos jugando beisbol. No obstante, la verdadera aventura comenzó cuando el primer video que subimos a YouTube llamó la atención del actor y comediante Adam Sandler. Se trató de un extraño giro del destino; a los pocos días de subir a YouTube el video de nuestro hijo de dos años, golpeando y lanzando pelotas de beisbol, nos encontramos a bordo de un avión rumbo a Boston para filmar una escena de Christian jugando beisbol para la película *Ese*

---

1 *Tee-ball* es un juego similar al beisbol, pero en lugar de lanzar la pelota, se usa un tubo en forma de "T" y se pone ahí la pelota para que el niño la golpee con el bate.

es mi hijo. El afortunado viaje a Boston fue fundamental para que entendiéramos la verdadera profundidad de la pasión por el beisbol de nuestro hijo de dos años.

El amor de Christian por el juego comenzó en las gradas de los partidos de *tee-ball* de su hermana Charlotte, cuando todavía usaba pañales. La primera vez que tuvo la oportunidad de ver un partido de la liga infantil, estudió sin parpadear los movimientos de los niños de ocho y nueve años, y pasaba horas y horas al día imitando sus movimientos. Era muy gracioso ver a un niñito preparándose para lanzar la pelota con los movimientos de todo un pícher o abanicando y golpeando el plato[2] con el bate antes de darle a la pelota con todas sus fuerzas. A Christian le encantaba hacer demostraciones a todo aquel que estuviera dispuesto a verlo, y cuando estaba en "modo beisbol", le gustaba que le llamáramos "Beisbol Konrad", un *alter ego* que se puso usando su segundo nombre, Konrad. Casi siempre era un pasatiempo agradable que nos dio muchas alegrías, pero había momentos en los que nuestra paciencia llegaba a su límite.

Desde que nuestro hijo comenzó a caminar, solía llevar un pequeño bate de madera a donde iba. A los dos años insistía en usar pantalones, jersey y zapatos de beisbol todos los días, incluso durante el verano. Cada vez que Christian veía una línea blanca en el cielo, la señalaba

---

2 Plato = es el *home plate*, es decir, la goma pentagonal donde se paran a batear los jugadores y donde se anotan las carreras.

emocionado y decía: "¡Mira, mami! ¡Una línea del terreno!". En otra ocasión, cortó un pedacito de tostada y dijo: "¡Parece el plato!". Una vez vio un pañuelo blanco y rectangular en el suelo del baño y dijo: "¡Qué bien! ¡Un montículo de picheo!". Si la vida fuera un test de manchas de tinta de Rorschach, Christian solo veía beisbol.

Desde que mi hija Charlotte era una bebé que gateaba, mi esposo Michael y yo vivimos su etapa de princesa de Disney, sin embargo esto era distinto. Nuestro hijo Christian era completamente diferente. No le interesaban los juguetes ni la televisión y rara vez interactuaba con los otros niños en las clases donde participaban las mamás. Él me jalaba para que le lanzara pelotas en el patio, mientras sus compañeros participaban en actividades diseñadas para niños de dos años, como jugar con burbujas y construir torres con bloques de madera. Lo más desconcertante era que todo lo que intentábamos hacer para distraer su atención por el beisbol, solo lo volvió más insistente. Con frecuencia nos pedía que le lanzáramos pelotas dentro y fuera de la casa, lo cual resultaba terriblemente agotador. Aunque casi todos los días jugábamos beisbol con él en la mañana, en la tarde y en la noche, siempre quería más. No pasaba un solo día en el que no pensara en beisbol. Un día intentamos quitarle el jersey y ponerle una camisa de botones para una foto familiar con sus primos, y lloró tanto, que al final salió con los ojos rojos y su jersey de beisbol. A Michael y a mí nos preocupaba que su pasión por ese deporte estuviera rayando en la obsesión.

En el verano de 2011, Michael consiguió un trabajo temporal de consultoría para la multinacional Lockheed Martin que lo obligaba a viajar una vez a la semana a Dallas-Fort Worth. A pesar de que mi trabajo como agente de bienes raíces me permitía trabajar desde mi casa y llevar a mis hijos a sus actividades cuando fuera necesario, este malabarismo se volvió más difícil con Michael fuera de la ciudad cinco días a la semana. Antes de llevarme a mis hijos a enseñar casas, tenía que pasar, cada mañana, dos o tres horas jugando beisbol con ellos en los campos de la liga infantil. No obstante, sin importar cuánto tiempo hubiéramos estado en el campo, cuando llegaba la hora de irnos siempre terminábamos igual: yo tenía que cargar a Christian a la fuerza, mientras él pataleaba y pedía a gritos "¡una y ya!". Después del forcejeo, solía quedarse dormido en cuanto le ponía el cinturón de seguridad de su sillita para el coche.

—¿Por qué siempre hacemos lo mismo —preguntaba Charlotte durante el corto trayecto a casa—, si ya sabemos que va a llorar cada vez que nos vayamos?

Tenía razón. ¿Qué caso tenía? Pero la evidente pasión de Christian cuando asumía el rol de Beisbol Konrad era lo que me hacía llevarlo a jugar todos los días.

Michael estaba en Dallas cuando mi mejor amiga, Cinthia, nos invitó a ver un partido de los Dodgers de

Los Ángeles. No creo que Michael hubiera ido con nosotros aunque hubiera estado en casa, porque le costaba mucho trabajo entender el amor de Christian por el beisbol, sobre todo porque mi esposo nació y creció en Alemania, donde el beisbol es prácticamente inexistente. A pesar de que soy originaria del sur de California, era la primera vez que asistía al Dodger Stadium o a cualquier partido de beisbol de las Grandes Ligas. Con el paso de los años, Cinthia se había vuelto masajista de varias estrellas de Los Ángeles y sus clientes solían darle boletos para partidos, premiaciones, programas y eventos especiales. Cuando teníamos alrededor de treinta años, Cinthia y yo estábamos presentes en los eventos más importantes de deportes, estrenos de películas y conciertos. Aunque nuestra vida social ahora había cambiado y disminuido, lo que nunca cambió fue que siempre que estábamos juntas nos divertíamos mucho.

La "tía Cinthia" era experta en hacer que Charlotte y Christian se sintieran especiales. Había estado presente en todos los eventos importantes en la vida de mis hijos, incluyendo sus nacimientos y bautizos, así que también tenía que presenciar el estreno de Christian en el Dodger Stadium. En ese momento, no teníamos idea de que el estadio de más de cincuenta años de existencia en el corazón de la ciudad de Los Ángeles se volvería nuestro hogar, fuera de nuestro hogar, durante los años siguientes. Lo primero que hizo Cinthia cuando llegamos al estadio fue llevarnos a la tienda oficial a comprar regalos para Charlotte y Christian. Charlotte casi se desmaya de la emoción con los peluches, mientras que Christian posaba orgulloso con su uniforme de los Dodgers junto a los maniquís de tamaño real de los jugadores. Después nos llevó al súper exclusivo club del estadio, desde donde vimos el partido y comimos en una mesa que daba al campo. Christian estaba embelesado con el partido y apenas se movió durante el tiempo que duró el juego, algo fuera de lo común en un niño que no podía estar quieto. Nunca lo había visto tan serio, ni callado, en toda su vida, pero era obvio que estaba disfrutando al máximo la experiencia.

Después del partido, Cinthia nos llevó a un restaurante privado del estadio llamado Dugout Club. Mientras Cinthia convencía a Charlotte para que tomara un coctel sin alcohol, yo encontré un pasillo vacío en donde Christian podía desfogar su energía bateando pelotas de espuma con su bate nuevo de 45 centímetros.

—Tu hijo tiene un toque natural para ser zurdo —dijo un amable señor que se detuvo a darle a Christian una pelota que había atrapado ese día durante el partido—. Los jugadores de los Dodgers no tardan en salir por esa puerta. Seguro que convencen a alguno para que les firme la pelota, si se lo piden de buen modo.

Y así fue, los jugadores comenzaron a salir por la puerta, uno a uno, para dirigirse al elevador. Un jugador joven, muy amable, que después supimos que jugaba como jardinero y que se llamaba Matt Kemp, se detuvo para "chocarla" con Christian y le firmó la pelota. Sin duda, ese fue el día más feliz de Christian hasta entonces y, oficialmente, el juego lo atrapó.

Un par de semanas después, regresé al Dodger Stadium con Christian para que nos dieran un *tour* un día que no había partido. Lo más memorable para Christian fue sentarse en la misma caseta donde había visto que los jugadores de los Dodgers lo hacían y revolcarse en la arena roja del campo, a la que llamó cariñosamente "arena Dodgers". Cuando el guía del *tour* le dio permiso de practicar su bateo y lanzamiento en la pista de arena que rodea al campo, Christian estaba inmensamente feliz.

Para entonces, ya era experta en lanzarle las pequeñas pelotas de espuma, así que le lancé algunas mientras lo grababa en video. Christian golpeaba una pelota tras otra y las mandaba a la tribuna con su pequeño bate de madera; las personas del *tour* lo animaban con porras. Entonces me pidió que cambiáramos de posición para que pudiera practicar sus lanzamientos como pícher.

—¡Está mandando señales! —dijo una mujer del grupo.

—¿A qué se refiere con "mandando señales"? —pregunté.

—A la forma en que mueve la cabeza hacia delante y hacia atrás y arriba y abajo antes de lanzar la pelota, es justo lo que hacen los pícheres de las Ligas Mayores.

Me explicó que el cácher le hace una señal al pícher para indicarle qué lanzamiento hacer y el pícher dice sí o no, dependiendo de si está de acuerdo o no.

—Me pregunto si los Dodgers dejarían a un niño pequeño lanzar la primera bola en un partido —dijo señalando al montículo del pícher—. Sería lindo ver al pequeñín en ese gran montículo.

Sin saberlo, esta conocedora mujer había sembrado una semilla en mi mente.

Cuando regresamos a casa, la maquinaria de mi cerebro estaba dándole vueltas a la sugerencia de la mujer de que Christian lanzara la primera bola en un partido. Fui a la computadora a buscar en YouTube si algún niño pequeño lo había hecho antes, en algún partido de beisbol de Ligas Mayores. Encontré videos de presidentes de Estados Unidos, artistas de Hollywood y cantantes de rap sobre el montículo, pero no había un solo niño entre los lanzadores ceremoniales.

Aunque en 2011 YouTube solo tenía cinco años de existir, ya era un sitio Web famoso, principalmente por el histórico ascenso a la fama de Justin Bieber, después de que lo "descubrieran" en 2009. Mi intención no era que nuestro hijo de dos años siguiera los pasos de Justin Bieber, pero me pareció que YouTube sería una buena plataforma para llamar la atención de alguno de los directivos de los Dodgers que fuera responsable de decidir quién lanzará la primera bola en los partidos.

También sabía que el tiempo era una limitación, pues lo que hacía que Christian fuera único era su temprano desarrollo en cuanto a batear y lanzar la pelota de beisbol. Era un caso parecido al de los bebés que destacan por caminar o hablar antes que otros de su misma edad; siempre puedes contar con que la mayoría de los niños también lo harán con el tiempo. No tenía duda de que el factor "qué talento" se terminaría cuando tuviera cinco años, y ya no destacaría de los demás jugadores de la Liga Infantil de Beisbol.

Cuando Michael regresó a casa, le conté mi descabellada idea de que Christian lanzara la primera bola; lo convencí de que editara un video de un minuto con las grabaciones que había hecho en el Dodger Stadium y que lo subiéramos a YouTube. Sin embargo, como el sitio estaba repleto de videos de padres orgullosos que compartían todas las destrezas de sus hijos, el video que subimos no parecía nada especial. Debajo del video escribí la siguiente descripción:

A nuestro hijo de dos años le encanta el beisbol y poder jugar en el Dodger Stadium ha sido lo más importante de su vida a su corta edad. Todos los días insiste en vestirse con tacos, guantes para batear, pantalones de beisbol y su jersey. En nuestra familia, nadie ha seguido ni jugado beisbol, así que su fascinación por este deporte nos cayó por sorpresa. Hace tres semanas fue a su primer partido de las Grandes Ligas y tuvo la suerte de que Matt Kemp le firmara una pelota. Se hace llamar a sí mismo "Beisbol Konrad" cuando juega, aunque su verdadero nombre es Christian. ¡Tenemos el sueño de que pueda realizar un lanzamiento ceremonial en un partido de los Dodgers antes de que cumpla tres años!

Mandé el *link* de YouTube por correo electrónico a todos mis contactos y les pedí que compartieran el video con sus familias y amigos, con la esperanza de que alguien de los Dodgers lo viera, si reunía un gran número de visitas. En retrospectiva, mi euforia llena de orgullo resultó demasiado entusiasta, pero debido a los eventos que estaban por suceder, no puedo decir que lo haría diferente si tuviera la oportunidad.

Unos días después de subir el video a YouTube, mi esposo recibió un correo electrónico de una mujer que le preguntaba si el niño del video era su hijo. Se presentó como una compañera Horned Frog, en referencia a la mascota de su escuela, la Universidad Cristiana de Texas. Dijo que su compañía, Sports Studio, estaba tratando de localizar al niñito del video para que saliera jugando beisbol en una película de Adam Sandler.

Puesto que había vivido la mayor parte de mis 43 años en el sur de California, me había tocado ver todo tipo de fraudes para explotar el sueño de mucha gente de volverse estrella de Hollywood. Estaba segura de que

estábamos a punto de convertirnos en las nuevas víctimas de algún tipo de estafa a través de YouTube, cuyo
objetivo eran los orgullosos padres. Lo primero que le
pregunté a Michael cuando me llamó desde Texas para
contarme lo del correo electrónico fue: "¿Te pidió dinero?". A pesar de mi escepticismo, Michael decidió lla-
marla para pedirle más información. Resulta que Sports
Studio era una agencia de *casting* legítima que usaba los
medios sociales como YouTube para encontrar atletas de
la vida diaria que quisieran participar en comerciales,
programas de televisión y películas. ¿Quién iba a saber
que se hacía eso?

—La directora del *casting* quiere que le mandes un
video de Christian cachando una pelota con un guante
de beisbol al atardecer —dijo Michael.

—Michael, sabes que Christian nunca lo ha hecho,
¿verdad?

—No debe ser tan difícil.

Christian llevaba poco más de un año lanzando y
bateando pelotas, pero siempre le rodábamos las pelotas
porque pensábamos que era demasiado pequeño como
para cacharlas con un guante. Nuestro hijito estaba a
punto de tomar un curso intensivo de atrapar pelotas.
Por suerte, tenía un guante pequeño para lanzadores zurdos que me dio una amiga como parte de un regalo, de
tema deportivo, cuando estaba embarazada de Christian.
Pensando en que eran pocas las probabilidades de que

mi hijo fuera zurdo, intenté cambiar el guante en tres diferentes tiendas de deportes antes de que naciera. Por fortuna, ninguna me pudo hacer el cambio porque, incluso con las pocas probabilidades, resultó que Christian era zurdo. Así que ese día, el pequeño guante iba a ser de gran utilidad.

Como Michael estaba fuera de la ciudad y yo necesitaba que alguien más jugara beisbol con Christian para poder grabar los videos con mi cámara, el novio de mi madre, Dennis, se ofreció gustoso y se reunió con nosotros en el campo de beisbol a las once de la mañana. Dennis no podía ocultar su emoción cuando se trataba de deportes, pues era un atleta muy completo y un excelente deportista.

—¿Y si no puede cacharlas? —preguntó cuando llegamos al campo.

—No hay opción —dije, riéndome.

Para empezar, si enseñar a un niño de dos años a que atrape una pelota de beisbol puede ser muy gracioso, ver a dos adultos actuando como si cachar la pelota fuera lo más maravilloso del mundo, puede ser verdaderamente ridículo. Por fortuna, la única persona que estaba presente para ver nuestras tonterías era el cuidador del campo, que estaba ocupado cortando el pasto. Aunque las habilidades de Christian para atrapar la pelota estaban muy lejos de ser perfectas, logramos grabar algunas tomas en las que la pelota aterrizó en su guante. Mientras estábamos grabando videos de Christian golpeando las pelotas con un bate regular, el cuidador del campo de la liga infantil apagó el motor de su máquina para ver qué estábamos haciendo.

—Ese niño tiene talento —nos gritó—. Asegúrense de que sea divertido para él en el futuro.

No nos molestamos en explicarle por qué nos tomábamos tan en serio la grabación del video de beisbol, sin embargo, aunque se lo hubiéramos contado, dudo que lo hubiera creído. Yo tampoco lo creí, hasta que nos subimos al avión rumbo a Boston, Massachusetts, dos semanas después.

Capítulo 2

¿Babe Ruth era malo contigo?

Los adultos pueden aprender mucho de los niños pequeños,
pues su corazón es puro y, por lo tanto,
el Gran Espíritu les muestra muchas cosas
que la gente mayor no ve.
BLACK ELK, INDIO AMERICANO, LÍDER ESPIRITUAL

Nuestro viaje a Boston comenzó de manera dramática cuando Christian, con sus "terribles dos años", no quería que le abrochara el cinturón de seguridad. Al ver la lucha para sujetarlo al asiento, una amable azafata llegó a ofrecer su ayuda. Mi hijo nos sorprendió a ambas cuando gritó: "Cuando era grande, no usaba cinturones de seguridad y bebía alcohol". La azafata y los pasajeros de alrededor se rieron mientras yo hacía todo lo que podía para amarrar a mi pequeño dictador al asiento.

—Algún día serás grande —le dije, mientras lo sujetaba con una mano y abrochaba el cinturón con la otra—, pero siempre vas a usar cinturón de seguridad —decidí ignorar su comentario sobre el alcohol.

Nuestro compañero de asiento, que resultó ser un jugador profesional del equipo de Chivas USA Major League Soccer añadió: "Así es. Las mamás siempre tienen razón". Estábamos rodeados por sus compañeros de equipo, y todos estos jóvenes deportistas mantuvieron entretenido a Christian, hablándole de deportes, hasta que por fin se quedó dormido.

Era la primera vez que me separaba de Charlotte y ya la extrañaba muchísimo; sabía que estaba en buenas manos, pues se había quedado con mi madre, mientras Michael estaba en Texas por trabajo. La compañía productora se ofreció a pagar los boletos de avión de Christian y de un acompañante adulto, así que el costo de un boleto adicional para Charlotte, con tan poco tiempo de anticipación, no podíamos permitírnoslo. Mi madre estaría muy ocupada cuidando a Charlotte, a nuestros dos perritos terriers y mis operaciones de bienes raíces mientras estábamos fuera, pero estaba segura de que podía arreglárselas. A fin de cuentas, ella me había enseñado todo lo que sé sobre ser madre y vender bienes raíces.

Cuando aterrizamos en el Aeropuerto Internacional Logan de Boston, ya había pasado la hora de acostarse para Christian, aunque todavía tuvo energía suficiente para jugar beisbol en el área de entrega de equipaje con nuestros amigos futbolistas. Estos deportistas profesionales se turnaban para lanzarle su pelota de espuma favorita y correr por las bases imaginarias, mientras yo platicaba con su entrenador, Robin Fraser. Robin y yo nos habíamos conocido brevemente hacía años, cuando él era jugador en el equipo nacional de *soccer* de Estados Unidos y yo era directora de eventos promocionales del Comité Organizador del Mundial de 1994. Antes de irnos, Robin me dio su tarjeta.

—Por favor, avísame si tu hijo se interesa por el *soccer*, porque buscamos niños que tengan esa pasión.

Su comentario me hizo preguntarme si la obsesión de Christian por el beisbol sería pasajera o permanente.

Eran casi las once de la noche cuando recogimos el coche que rentamos y comenzamos el viaje de tres horas hacia nuestro destino final en Cabo Cod, donde estaban grabando la película. Durante el camino hacia el hotel en Hyannis Port, me llamó el coordinador de producción para decirme que estuviéramos en el set a las nueve de la mañana del día siguiente. Sabiendo que las posibilidades de que Christian funcionara con menos de ocho horas de sueño eran pocas, ingenuamente le pregunté si su llamado podía ser un poco más tarde. No me fue difícil descubrir que nosotros éramos solo un pequeño engranaje de la máquina de hacer películas y que el horario había sido establecido mucho antes de nuestra llegada, y no lo cambiarían.

Durante el resto del camino estuve pensando en cualquier cosa que pudiera salir mal. *¿Sería capaz de atrapar la pelota en el momento justo? ¿Se asustaría por la presión? ¿Ha-*

ría un berrinche si intentaran quitarle su uniforme de beisbol y ponerle ropa normal? La vida con un bebé de dos años está llena de sorpresas, pero la falta de sueño suele ser un ingrediente adicional para el desastre, y Christian iba a dormir mucho menos de las diez horas que necesitaba. Además, el hecho de que Christian hubiera dejado de usar pañales unas semanas antes del viaje añadía más incertidumbre a la situación.

La única información que teníamos sobre la película era que Adam Sandler interpretaba a un padre inútil que se presenta en la boda de su hijo, y Christian interpretaría a un invitado de la boda jugando beisbol. Adam Sandler comenzó su carrera cinematográfica a mediados de los 90, con las exitosas comedias *Billy Madison* y *Happy Gilmore.* Para 2011, Adam había protagonizado más de 20 películas, muchas de las cuales escribió y produjo bajo su propia compañía productora, Happy Madison. Sus películas no suelen ser las favoritas de la crítica, no obstante, su éxito en taquilla nunca se ha puesto en duda, pues ha recaudado 2500 millones de dólares en todo el mundo.

Cuando tenía veintitantos años, un día estuve sentada delante de Adam en un partido de Los Ángeles Kings y me pareció tan amigable y cercano como se veía en la gran pantalla. Nuestros caminos volverían a cruzarse, pero esta vez ambos estaríamos alrededor de los 40 y cada uno con dos hijos de más o menos la misma edad. No me extrañó que Adam eligiera un lugar familiar, como

Cabo Cod, para pasar las vacaciones de verano haciendo lo que más le gusta: hacer películas y hacer reír a la gente.

Cuando llegamos a registrarnos al hotel, mi cara era de sueño. El recepcionista del turno de la madrugada me dio un sobre a mi nombre, donde se especificaba el horario de producción para el día siguiente y la instrucción escrita a mano de que estuviera frente al hotel a las 8:30 a. m., para que nos llevaran al set de la película. La locación estaba indicada como "mini-Fenway Park". Por curiosidad, le pregunté al recepcionista si sabía dónde quedaba eso. Con el acento típico de los que viven en Boston me dijo: "Fenway Park es el estadio en Boston donde juegan los Medias Rojas, pero nunca había oído de un mini-Fenway Park por aquí". No quise preguntarle más porque supuse que lo sabría por mí misma dentro de pocas horas.

En un lugar muy a la vista sobre el mostrador de la recepción había una pila de horarios de los juegos de la liga de beisbol de Cabo Cod. No sé si fue que me quedé mucho tiempo mirándolos o si fue el uniforme de beisbol de Christian, pero el recepcionista me comentó: "Tiene que ir a ver los partidos mientras esté aquí. Los mejores jugadores de beisbol de preparatoria de todo el país vienen a Cabo a jugar beisbol todos los veranos. Y le apuesto que algunos de esos chicos estarán pronto en las Grandes Ligas". Al parecer, habíamos llegado al Paraíso del beisbol, no tanto para mí, sino para Christian.

A la mañana siguiente, me las arreglé para sacar de la cama a mi adormilado hijo, vestirlo y darle de desayunar para estar a tiempo, frente al hotel, a las 8:30 a. m. Cuando salimos, ya estaba una gran camioneta blanca esperándonos; la primera en saludarnos fue una alegre mujer llamada Lynn, la "maestra de estudio" de Christian. Lynn me explicó que su labor era asegurarse de que Christian no "trabajara" más de dos horas al día, con un máximo de cuatro horas en el set, como mandaba la ley del trabajo infantil del Sindicato de Cine. El modo tranquilo de Lynn era justo lo que yo necesitaba para calmar mis temores sobre cómo sería el día y sobre si Christian se derrumbaría ante la presión de tener que actuar en el momento adecuado. Le dije sobre mi temor de que Christian hiciera un berrinche enorme si trataban de quitarle sus pantalones de beisbol, su jersey de los Medias Rojas, que le quedaba grande, y sus tacos.

—Estoy segura de que todo estará bien —se rio. Luego, sonreí y moví la cabeza como mostrando aprobación, pero en realidad no estaba muy convencida.

Los ojos de Christian se iluminaron cuando vio el set de grabación. Era un impecable campo de beisbol con césped recién puesto y su amada tierra roja, igual que la tierra del Dodger Stadium. Obviamente, la compañía productora no escatimó en gastos a la hora de construir esta versión miniatura de un estadio de beisbol de las Grandes Ligas. Alrededor del jardín había una gran pared verde decorada con los logos de los patrocinadores. Habían construido una réplica de una gasolinera CIT-GO que se asomaba al jardín central, similar al verdadero Fenway Park, hogar de los Medias Rojas de Boston. En ese momento entendí por qué el recepcionista del hotel nunca había escuchado hablar sobre el mini-Fenway Park. Era un oasis construido específicamente para una escena de cinco minutos de una película de Hollywood, y que iban a demoler en cuanto terminaran de grabar la escena.

En el campo nos recibió el asistente de dirección y nos dijo que ese sería un día de ensayo para Christian. Se nos unieron cinco exatletas profesionales, de entre 20 y 30 años, responsables de orquestar lo que me pareció que sería una escena de beisbol de un millón de dólares. Lleno de entusiasmo, Christian sacó de su mochila el guante de beisbol, el bate y el casco, ansioso por jugar en ese pequeño campo de sueños.

Un hombre que traía un guante de beisbol se presentó como Mike; era uno de los dueños de Sports Studio. Mike colocó a Christian entre la primera y la segunda base, y le dijo que su función era recoger las pelotas de la tierra cuando se las rodaran, y lanzárselas a Carri, que estaba en primera base. Las habilidades atléticas de Carri me impresionaron, incluso antes de saber que era entrenadora de softbol en la Universidad de Harvard. En ese momento, aunque un camarógrafo empezó a grabar la acción en el campo, yo también empecé a grabar con mi cámara. Mientras Christian recogía pelota tras pelota y las lanzaba con exactitud, Mike gritaba con entusiasmo: "¡Hay niños de diez años que no pueden hacerlo!".

Cada vez llegaba más gente, al parecer del equipo de producción, hasta que se juntó una multitud alrededor del campo de beisbol. Todos los ojos estaban puestos en Christian y era obvio que le encantaba ser el centro de atención. Por lo menos uno de mis temores se había disipado. Mike le pidió a un miembro del equipo de producción que colocara una escalera en la primera base para grabar a Christian mientras atrapaba las pelotas. Repitieron el ejercicio más de 20 veces seguidas y, desafiando a la lógica, Christian atrapó todos los elevados. Suspiré aliviada cuando pasó la prueba. Esa fue la primera vez que me dijeron que el papel para el que llamaron a Christian había sido escrito originalmente para un niño de cinco a seis años. Mike me comentó que estuvieron haciendo *castings* en Boston durante varias semanas para niños que jugaran beisbol, antes de que encontraran el video de Christian en YouTube. Dicen que la suerte se da cuando la preparación se encuentra con la oportunidad, pero en éste caso en particular, todo fue cuestión de tiempo.

Cuando llegó el momento de que Christian tomara sus descansos requeridos, la maestra de estudio, Lynn, trató de que dejara su equipo de beisbol y que descansara. Sin embargo, no tardó en darse cuenta de que no había manera de hacer que comiera, descansara o dejara de jugar beisbol cuando estaba en modo Beisbol Konrad. Le aseguré a Lynn que, para Christian, jugar beisbol no podía considerarse "trabajo" y, mientras no fuera una violación de la Ley Taft Hartley (Ley de Manejo de Relaciones Laborales), yo no tenía problema en dejar que siguiera bateando pelotas en los laterales durante sus descansos. Christian se juntó con un chico sencillo y amable llamado Kevin para que le lanzara pelotas. Descubrimos que, además de ser fan de los Medias Rojas, Kevin también era productor de la película y que era amigo de Adam Sandler desde que iban juntos a la escuela.

Entre lanzamiento y lanzamiento, le hice a Kevin la gran pregunta que llevaba dándome vueltas en la cabeza desde que me llamaron para el *casting*.

—¿Hay alguna posibilidad de que haga la escena para la película con su uniforme de beisbol?

Pero su respuesta no fue lo que yo quería oír.

—Me temo que no. Los de vestuario le darán ropa y zapatos.

Le conté a Kevin de la fijación de Christian por su uniforme de beisbol y le dije de broma: "El camino hacia el departamento de vestuario puede ser el final de su corta carrera cinematográfica".

Kevin negó con la cabeza, sonrió y dijo: "Nah, ¿ves que le encanta la multitud? El chico tiene un don natural".

Sin importar lo que pasara con el debut potencial de Christian en las películas, estábamos disfrutando de nuestras vacaciones con todos los gastos pagados en Cabo Cod. El pueblo costero de Hyannis Port es una próspera comunidad a la que llegan las personas procedentes del noreste para pasar el verano, y es famoso por albergar las instalaciones de la familia Kennedy. Era el lugar perfecto para pasar unos días mientras esperábamos que la compañía productora nos dijera cuándo debía presentarse Christian en el set. A excepción de unos días de lluvia, los días y las noches que pasamos en Cabo Cod estuvieron llenos de beisbol. Beisbol en la playa, beisbol en la habitación del hotel y beisbol en incontables campos de beisbol, que abundaban en Cabo Cod.

Acabamos yendo a varios partidos de la Liga de Beisbol de Cabo Cod, en los que apoyamos a equipos como Hyannis Harbor Hawks y Chatham Anglers. Un día que estaba lanzándole pelotas a Christian en una jaula de bateo en el estadio de Hyannis Port, escuchamos a alguien decir que los Yankees vendrían a Boston en dos días para jugar contra los Medias Rojas en el Fenway Park. Puesto que estábamos en espera del llamado para la filmación, consideré un poco arriesgado gastarme 150 dólares por el boleto más barato, pero confié en nuestra buena suerte y lo compré, pensando que Christian podría sentarse en mis piernas. Al poco rato de comprarlo, nos llamaron de la compañía de producción para avisarnos que al día siguiente era el gran día. Christian por fin iba a grabar su participación jugando beisbol. Pensando que su papel en la escena del juego solo tardaría un día de filmación, de milagro íbamos a poder ir al partido de los Medias Rojas antes de regresar a Los Ángeles.

El día de la filmación, el ambiente en el set era un fuerte contraste con el ambiente relajado del ensayo. La camioneta blanca nos dejó en lo que parecía un pueblo improvisado, lleno de remolques y gente atareada que caminaba en todas direcciones. Como si fuera una colonia de hormigas, cada persona parecía tener una misión distinta. Nos recibió el asistente de dirección e inmediatamente nos envió al tan temido departamento de vestuario. Los esfuerzos de la asistente de vestuario para quitarle a Christian su ropa de beisbol y meterlo en la camisa tipo polo, shorts de color caqui y zapatos de vestir, que iba a usar para la escena, se encontraron con una escena de gritos y patadas, tal y como me lo temía. Christian lloró tan fuerte que vomitó sobre la mujer, pero por suerte, no sobre la ropa nueva que llevaba puesta.

La siguiente parada fue en el departamento de maquillaje, donde disfrazaron mágicamente una cicatriz en la frente de Christian, producto de un choque con la mesa de centro de la sala unos meses antes. El muy divertido y talentoso Tony Orlando (el mismo de la canción "Tie a Yellow Ribbon Round the Ole Oak Tree", de los años 70) estaba sentado junto a Christian mientras le ponían maquillaje para su papel del millonario excéntrico que tenía un mini-Fenway Park en su patio trasero. En cuestión de minutos, Tony hizo reír a Christian e hizo que se olvidara por completo de lo mucho que odiaba su nueva ropa. Los únicos rastros del vestuario eran los ojos rojos e hinchados de Christian.

Kevin, el productor que conocimos en el ensayo unos días antes, se presentó para llevarnos a una tienda de campaña detrás del set para conocer a Adam Sandler. Adam tranquilizó a Christian de inmediato con un "chócalas", y luego se puso a hacerle preguntas sobre beisbol mientras yo tomaba fotos y videos de la dulce escena.

—Oye, Konrad, ¿entonces cuento contigo para que me consigas boletos? —bromeó Adam—. ¿En qué equipo vas a jugar? Supongo que jugarás con los Dodgers.

—¡No! —se opuso Kevin—, va a jugar con los Medias Rojas.

Christian nos sorprendió a todos cuando movió la cabeza de un lado a otro y dijo: "Yo juego con los Yankees". Adam Sandler dejó muy claro cuál era su equipo al abrazar a Christian y decirle con orgullo: "¡Muy bien, muchacho!". Christian sonrió de oreja a oreja, mientras yo grababa encantada el video del precioso encuentro para poderlo recordar en los siguientes años.

Mi primera sospecha de que esto podría tratarse de una película clasificada para adolescentes fue cuando Adam nos dijo que sus hijas, de dos y cuatro años de edad, también saldrían en la película, pero que podrían verla hasta que salieran del colegio. Me despedí de Christian mientras lo llevaban al campo central, cerca de una gran pantalla blanca que parecía ser utilizada para la iluminación, y me preparé para lo que podría estar a punto de pasar en el campo de beisbol. El viaje en la montaña rusa estaba a punto de comenzar y ya no había vuelta atrás.

El director dio la señal de "silencio en el set". Después las cámaras comenzaron a grabar. Yo veía desde lejos, cuando Christian se metió el dedo en la nariz y agarró su entrepierna. Esto no era exactamente lo que yo esperaba cuando nos subimos al avión hacia Boston, pero fue muy divertido. Tomó un poco menos de dos horas la grabación de la participación de Christian, y en cuanto concluyó la filmación, rogó que lo dejaran quitarse el odiado vestuario y volver a ponerse su uniforme de beisbol y sus tacos. Todos los posibles desastres habían sido evitados, y todavía nos quedaba un día libre antes de volar a casa.

Al día siguiente nos aventuramos a la ciudad de Boston para ver a los Medias Rojas jugar contra sus rivales de siempre: los Yankees de Nueva York, en el verdadero Fenway Park. En ese momento, no sabía que el estadio de casi 100 años era el más antiguo de las Ligas Mayores de Beisbol que todavía estaba en uso. Después de superar la conmoción por pagar la asombrosa cantidad de 60 dólares por estacionar el coche que rentamos, caminamos hacia Yawkey Way, la calle principal que está frente al estadio, donde las festividades previas al partido estaban en todo su esplendor. En los días que hay partido, Yawkey Way se cierra al tráfico con el fin de dar paso a los miles de fans del beisbol que llegan a Fenway Park. La calle se transforma en una animada calle peatonal repleta de vendedores ambulantes y diversión.

El ambiente de carnaval de beisbol parecía mandado a hacer para un niño obsesionado con el juego, a no ser por las cantidades excesivas de cerveza que se consumen. Christian estaba impresionado por el jugador de beisbol de tres metros de altura que llevaba zancos, que se inclinó para chocarlas con él. Esta enorme caricatura aplaudía mientras Christian lanzaba pelota tras pelota al guante de gran tamaño de una cabina que medía la velocidad. Christian se convirtió en el espectáculo del día cuando unos entusiastas aficionados de los Medias Rojas se turnaban para lanzarle pelotas y aplaudirle mientras bateaba pelotas al cielo con su diminuto bate de madera y corría entre bases imaginarias cerca de la entrada del estadio.

Cuando entramos por los amplios pasillos de Fenway Park sentí como si volviera atrás en el tiempo. Seguí a mi hijo pequeño mientras se dirigía a un vendedor que tenía fotografías en blanco y negro de los jugadores de los Medias Rojas de tiempos pasados. Para mi sorpresa, Christian me pidió que le comprara una fotografía grande de los antiguos jugadores de los Medias Rojas:

Ted Williams y Bobby Doerr. Me pareció extraño que
una foto de 1939 fuera lo único que me pidiera que le
comprara durante todo el viaje. Habíamos visto muchos
otros recuerdos que eran más apropiados y divertidos
para un niño. Su claro gusto por la foto hizo que se la
comprara y que nos la enviaran a la casa.

Cuando tomé la mano de Christian para caminar a
través del vestíbulo y llegar a nuestros lugares, sucedió
algo muy extraño. De pronto me tuve que detener porque se quedó parado y sin moverse. Estaba hipnotizado
viendo un retrato gigantesco de un antiguo jugador de
beisbol que estaba colgado en la pared junto a nosotros.
Luego vino un ataque que hizo que el tiempo se detuviera. Christian estaba visiblemente molesto cuando
agitó su pequeño palo de madera delante de la fotografía
y gritó: "¡No me cae bien! ¡Era malo conmigo!". Esto
no era un berrinche normal de un niño de dos años, sino
una exhibición apasionada de emociones con un sentimiento real detrás de ella. Era evidente, para cualquiera
que estuviera por ahí, que Christian creía que ese hombre de la foto de la pared le había hecho daño.

Incluso las personas que pasaban junto a nosotros no
tuvieron ningún problema en interpretar lo que intentaba comunicar. Un hombre comentó al pasar: "Este chico no se equivoca, porque Babe Ruth era un verdadero
idiota". No sabía nada sobre Babe Ruth en ese momento,
pero sí sabía que había sido un famoso jugador de beisbol.

En un intento por ser empática con la evidente molestia de Christian, le pregunté con tranquilidad: "¿Babe Ruth era malo contigo?". Cuando respondió "¡sí!" me sentí completamente atontada y no supe qué contestarle. *¿Cómo mantienes una conversación racional con un niño de dos años que está convencido de que alguien que murió décadas antes de que él naciera era malo con él?* Me las arreglé para tranquilizarlo y llevarlo a nuestro lugar, pero Christian estaba tan agitado que solo nos quedamos a ver las primeras dos entradas del partido. Cuando íbamos saliendo del estadio, me fui por otro lado para evitar pasar por la pared que exhibía la enorme foto de Babe Ruth. Después de llamarle a Michael para contarle lo que había pasado, la única palabra que pude encontrar para describir la experiencia fue *inquietante*.

Capítulo 3

Igual de alto que mi papi

No comencé cuando nací, ni cuando fui concebido.
Llevaba creciendo, desarrollándome a lo largo de una
cantidad incalculable de siglos...
Todos mis yo anteriores tienen su propia voz,
su eco, su empuje en mí...
Y naceré incalculables veces más.

Jack London, El vagabundo de las estrellas

Cuando aterrizamos en Los Ángeles, solo podía pensar en llegar lo más rápido posible a casa de mi madre para recoger a Charlotte. Estaba llena de entusiasmo por reunirme con mi familia, así que hablé por teléfono con mi madre durante los 40 minutos del viaje. Intercambiamos detalles sobre el rodaje de la película, sobre nuestras operaciones de bienes raíces y sobre la vida en general. Cuando nos detuvimos frente a su casa, eran poco después de las 10 p. m., y ella estaba afuera, esperando a que llegáramos, con Charlotte muy somnolienta y acurrucada bajo su brazo. Tenía la esperanza de que Christian siguiera dormido en su sillita durante los diez minutos que faltaban para llegar a casa, pero mis esperanzas se desvanecieron cuando salió de su tranquilo sueño y gritó feliz: "¡Abuela!".

Charlotte y Christian estaban alborotados por volver a estar juntos y se quedaron despiertos hasta pasada la medianoche, planeando la celebración del tercer cumpleaños de Christian. Había enviado las invitaciones antes de nuestro viaje a Boston y faltaban solo tres días para la fiesta. Charlotte, la artista en ciernes, hizo el diseño del pastel, mientras Christian felizmente se ofreció a dirigir.

—Que sea azul como los Dodgers —indicó—. Dibuja un campo de beisbol. Acuérdate de poner al cácher. ¿Dónde van las velas?

Esa noche, los tres nos metimos en la cama grande de Christian, como era nuestra costumbre, pues a ninguno le gustaba dormir solo. Estábamos un poco apretados, pero era mejor eso a que los niños me despertaran en medio de la noche tratando de colarse en mi cama. Justo antes de dormirse, Christian se puso muy serio.

—Mami… antes era un jugador de beisbol alto.

—¿Te refieres a "un jugador alto" como Matt Kemp? —le pregunté mientras lo arropaba.

—Sip.

Sabía que las probabilidades de que mi hijo se volviera un jugador de beisbol profesional eran una en un millón, pero aproveché la oportunidad para corregir su gramática y le dije: "Sí, mi amor, un día serás un alto jugador de beisbol".

Se quedó dormido y yo también, sin pensar en otra cosa.

Michael tenía planeado regresar la noche siguiente para pasar el riguroso fin de semana en casa, antes de volver a Texas el lunes por la mañana. Por mucho que le disgustara viajar cada semana, no tenía otra opción porque el negocio de bienes raíces del que ambos dependíamos, ya que era nuestra principal fuente de ingresos, había disminuido considerablemente. Los precios de las casas del sur de California se habían desplomado desde hacía cinco años, así como nuestros ingresos anuales. Seis años antes habíamos gozado del aumento constante de los precios de la vivienda, lo que nos permitió comprar casas, arreglarlas y venderlas a un precio mayor, además de nuestra actividad habitual de representar clientes que querían comprar o vender sus propias casas. Afortunadamente, en ese momento guardé algo de dinero en el banco para sobrevivir en tiempos difíciles como este.

Antes de casarnos, Michael y yo ideamos el plan de dividir nuestras cuentas al 50/50, e incluso con la disminución de ingresos, nos apegamos a nuestro pacto. Aunque no es algo muy convencional, es un sistema que siempre nos ha funcionado. Tener cuentas bancarias separadas y contribuir de manera equitativa a las facturas mensuales nos permitió tomar decisiones financieras independientes y asegurarnos de que ninguno de los dos sintiera que llevaba más de lo que le correspondía de la carga financiera.

El viernes en la noche estaba lanzándole pelotas a Christian desde la cocina, mientras preparaba la cena porque Michael ya no tardaba en regresar, cuando me repitió lo mismo que había dicho la noche anterior.

—Mami, antes era jugador de beisbol.

—Sí, algún día serás jugador de beisbol.

Con una expresión de desesperación, dio un pisotón y gritó:

—¡No! ¡Yo era un jugador de beisbol tan alto como mi papi!

¿Era un jugador de beisbol? ¿Tan alto como mi papi? ¿A qué se refería mi hijo? ¿Se refería… no puede ser… *trataba de decirme que en una vida anterior había sido un adulto?*

Volvió a dar un pisotón, esperando a que yo le respondiera algo, queriendo que lo entendiera. Respiré hondo mientras trataba de pensar una respuesta. Te lo digo de verdad, no son las palabras que quieres oír que salgan de la boca de tu hijo de dos años.

Su respuesta fue un rotundo "¡Sí!". La expresión de alivio en su rostro era innegable. Por fin lo había dicho con claridad. Tener esta conversación con mi hijo fue tan impactante como ver a un fantasma caminando por la puerta de la casa, y aparentemente tan verosímil. La

obsesión de Christian por el beisbol era muy extraña en
lo que a mí respecta, puesto que en nuestra familia no
había atracción por el deporte, pero su nueva revelación
de que era "tan alto como mi papi" me parecía como
caer por un precipicio. Me encontré a mí misma en la
gran división entre la lógica y la intuición. El concepto
de la reencarnación era diametralmente opuesto a mis
pensamientos racionales y a mis creencias religiosas, pero
mi corazón me decía que no ignorara lo que Christian
estaba tan desesperadamente tratando de decirme.

Cuando Michael entró por la puerta, yo tenía una
urgente necesidad de que me bajaran de la nube. Apenas
lo saludé y de inmediato lo inundé con todos los pensamientos que pasaban por mi mente con la esperanza de
que fuera capaz de darle sentido a todo. Michael escuchó
atentamente mientras le relataba las extrañas declaraciones y comportamientos de Christian, que empezaban a
parecerme como piezas de un rompecabezas. Ambos nos
encontramos con más preguntas que respuestas. *¿Cómo
podría un niño de dos años tener una reacción emocional ante
el retrato de un hombre que había muerto medio siglo antes de
que él naciera?* Christian no era un niño propenso a hacer
berrinches, a menos que, por supuesto, quisiera sacarlo
de un campo de beisbol o tratara de influir en sus opciones de vestuario. Su reacción visceral ante la fotografía
de Babe Ruth era totalmente ilógica y completamente
fuera de lugar. Tampoco pudimos entender por qué un

niño pequeño se sentía tan atraído por una fotografía en blanco y negro de dos antiguos jugadores de los Medias Rojas.

Creo que dejé agotado a Michael porque con una sonrisa cansada me dijo: "Vamos a dejar el tema por ahora". Sin embargo, yo no pude. En cuanto mi familia se quedó profundamente dormida, bajé las escaleras sin hacer ruido y fui a mi oficina para buscar información sobre Babe Ruth y los dos jugadores de los Medias Rojas: Ted Williams y Bobby Doerr, los de la foto que tanto le gustó a Christian. Mi viaje al pasado reveló que Ted Williams fue uno de los mejores bateadores zurdos en la historia del beisbol. Nació en 1918 y falleció en 2002, seis años antes de que naciera Christian. Me enteré de que Williams había hecho su debut en las Grandes Ligas con los Medias Rojas, en 1939, cuatro años después de que Babe Ruth se retirara. Revisé las estadísticas de beisbol sin tener idea de lo que significaban todos esos números y porcentajes. Y entonces, por desgracia, me encontré una historia que me revolvió el estómago.

Al parecer, los hijos de Ted Williams ignoraron el deseo de su padre de que cremaran su cuerpo, y decidieron congelar criogénicamente sus restos, con la esperanza de que los futuros avances en la tecnología médica hicieran posible que su padre se reuniera con su familia. Los hijos pagaron más de $100 000 dólares para que separaran la cabeza del padre de su cuerpo y la guardaran en un barril de acero con nitrógeno líquido. La idea de devolverle la vida a una cabeza congelada parecía descabellada, pero de nuevo, buscando en Internet a un exjugador de beisbol, que mi hijo de casi tres años podría haber conocido en una vida anterior, se sentía igual de absurda. Era una señal inequívoca de que era hora de poner mi curiosidad a descansar.

Nuestro fin de semana terminó con la fiesta de cumpleaños de Christian el domingo en la tarde; fue una reunión en nuestra casa, con la familia y amigos cercanos, sin embargo, contratamos una casa inflable que atrajo a los niños de todo el vecindario. El punto culminante para Christian fue cuando tres de sus héroes de nueve años, de la liga infantil, se presentaron para desearle feliz cumpleaños. También le encantó el pastel especial de beisbol, de Charlotte, y el traje de cácher que le regaló mi madre. Después del festejo, Michael y yo preparamos las maletas para nuestros próximos viajes. Él se regresaba a Texas, mientras Charlotte, Christian y yo nos iríamos toda la semana a un campamento al aire libre en Yosemite, organizado por la Iglesia.

Cuando era niño y vivía en Alemania, Michael asistió periódicamente a una iglesia luterana con su familia, pero abandonó la costumbre de seguir yendo en su vida adulta. Entonces le sugerí que nos uniéramos a la iglesia presbiteriana local cuando estaba embarazada de Charlotte, sin embargo, no le encantó la idea de asistir a clases para convertirnos en miembros de esa iglesia; aun así, se unió a mi plan. Lograr que fuera a la iglesia era otra historia. Michael prefería jugar tenis los domingos por la mañana. No es que le disgustara ir a la iglesia, simplemente no lo veía como una prioridad; en cambio, yo sí. Con el tiempo dejé de tratar de convencerlo de que nos acompañara a los niños y a mí los domingos por la mañana, excepto cuando eran ocasiones especiales, como alguna fiesta religiosa o si los niños iban a cantar en el coro de jóvenes. Es muy probable que mi deseo de que nuestros niños recibieran una fuerte educación religiosa viniera de mi loco camino para descubrir la religión cuando era niña.

Ser hija única de una madre soltera y trabajadora, que no iba a la iglesia ni hablaba de religión, me hizo preguntarme qué era lo que me estaba perdiendo. Mi primer recuerdo en una iglesia fue a los cinco años de edad, cuando asistí a una misa con una familia de mi vecindario. Recuerdo que imité a mi amiga Patty mientras se mojaba los dedos en el agua bendita y luego se tocaba la cabeza, el corazón y cada hombro mientras decía: "En el nombre del Padre, del Hijo y del Espíritu Santo". Aunque no entendía lo que estaba haciendo, sentí que era algo especial y sagrado.

El siguiente recuerdo importante de mi amiga Patty fue cuando tenía seis años y mi madre me soltó la noticia de que ella y toda su familia habían muerto en un trágico accidente de coche. Los padres y sus cinco niños murieron al instante, cuando un camión que iba en sentido contrario, en un camino de curvas, chocó contra su camioneta. Cuando le formulé a mi madre la gran pregunta "¿qué pasa cuando te mueres?", por su respuesta me di cuenta de que no era un tema del que le gustara hablar.

Esta experiencia despertó mi curiosidad sobre Dios y el misterio de la vida y la muerte, y sobre lo que sucede después de que te mueres. Cuando estaba en primaria recorrí iglesias, sinagogas y templos con cualquier persona que estuviera dispuesta a llevarme: vecinos, amigos o niñeras. Estar expuesta a diferentes sistemas de creencias me ayudó a entender a temprana edad que todas las religiones comparten las enseñanzas subyacentes de amor, compasión, perdón, fe en un poder superior y una creencia común en la existencia de un alma que sobrevive al cuerpo. Estos conceptos eran lo que en realidad me interesaba y el medio era lo menos importante.

Cuando estaba en cuarto de primaria iba a la iglesia todos los domingos con mi mejor amiga y su familia. Un verano, a la edad de once años, por voluntad propia, leí la Biblia entera, de cabo a rabo. Fue entonces cuando descubrí una conexión profunda con Dios, una presencia divina que me da respuestas cuando rezo y me hace sentir que nunca estoy sola.

Esta relación con Dios es lo que esperaba que mis hijos tuvieran algún día. Asistir a la iglesia con regularidad parecía ser la mejor manera de proveer a Charlotte y a Christian una base para que cultivaran su propia relación con Dios. Quería que estuvieran equipados con las respuestas a las grandes preguntas de la vida. Las preguntas enigmáticas que han desconcertado a los seres humanos desde el principio de los tiempos, tales como: *¿qué es Dios? ¿Hay vida antes y después de la muerte? ¿Nuestra alma sobrevive a la muerte de nuestro cuerpo? ¿Nos reuniremos con nuestros seres queridos después de esta vida?*

Las habitaciones del campamento de la iglesia no eran nada lujosas, no tenían acceso a Internet ni televisión, pero nosotros no estábamos sin las comodidades básicas porque opté por una habitación en la cabaña, en lugar de una tienda de campaña en el bosque con los demás compañeros campistas. Esto era lo más primitivo que estaba dispuesta a aceptar como única cuidadora de dos niños pequeños en el desierto. Una vista impresionante, los sonidos y los olores de la naturaleza estaban a nuestra disposición, mientras que también pudimos disfrutar del lujo de un baño privado y sábanas limpias. Cada día empezaba con una fuerte campanada que indicaba que el desayuno estaba a punto de servirse en el comedor principal, inmediatamente seguido de una ceremonia de adoración al aire libre y con vistas al lago. Charlotte se unió a la banda de la iglesia en el escenario para tocar los bongós, mientras conversábamos con Dios y nuestros compañeros feligreses en el santuario arbolado. Este ambiente idílico y de ritmo lento, donde el trino de las aves reemplazó el sonido de los teléfonos celulares, era como un respiro de bienvenida y un estímulo de la vida cotidiana.

No obstante, lo que nos seguía a todos lados era la obsesión de Christian por el beisbol. Afortunadamente, en el campamento había muchos niños que se ofrecieron a jugar beisbol con él, en la mañana, en la tarde y en la noche.

Cada noche, antes de acostarse, Christian nos entretenía a Charlotte y a mí con historias sobre su proclamada vida como un "jugador de beisbol alto". Ya no lo corregía, poniendo sus cuentos en tiempo futuro, y fingía creerle. Era como si se hubieran abierto las compuertas y, ya fueran reales o imaginarias, las cándidas historias de Christian se volvieron cada vez más entretenidas y ricas en detalles. Siguió expresando su desprecio por Babe Ruth y nos dijo qué se sentía jugar beisbol delante de una gran multitud. No había ningún indicio de que inventara sus relatos sobre el pasado.

—Cuando era un jugador de beisbol alto, una vez me lastimé la rodilla —explicó Christian.

—¿El doctor tuvo que abrirla para arreglarla? —pregunté.

—No, solo tuve que descansar.

En la última noche del campamento, después de cantar canciones alrededor de la fogata y de devorar malvaviscos asados con galletas tan rápido como pudiéramos, Christian dijo algo nuevo, justo antes de quedarse dormido.

—Mamá… antes, cuando era un niño, había fuego en mi casa.

—¿En tu casa hubo un incendio? —pregunté.

Movió la cabeza de un lado a otro.

—¡No! Había fuego de verdad, ¡en las luces!

Después de algunas preguntas más, quedó claro que se refería a que las lámparas de su hogar, de la infancia, eran lámparas de fuego. Fue muy convincente cuando insistió en que no eran velas. A partir de ese momento dejé de juzgar y empecé a escuchar, a escuchar de verdad lo que decía.

Capítulo 4

Almas viejas

"Es una tontería", dijo (Teddy).
"Lo único que haces es salir de tu cuerpo cuando te mueres.
Caray, todo el mundo lo ha hecho cientos y cientos de veces.
Solo porque no se acuerden, no significa que no lo hayan hecho.
Es una tontería".
J. D. SALINGER, "TEDDY"

Así como terminó nuestro descanso de verano, el trabajo de Michael con Lockheed Martin también terminó de manera repentina. Aunque perder su ingreso fijo fue un revés económico, también fue una bendición que toda la familia volviera a vivir bajo un mismo techo. Charlotte estaba ansiosa por comenzar el jardín de niños y yo estaba emocionada ante la perspectiva de que Christian asistiera a la escuela preescolar tres días a la semana, así que tendría algunas mañanas para dedicarme a trabajar, en lugar de jugar beisbol.

En vísperas del primer día de clases, nuestro hijo, que nunca antes había expresado interés por la televisión, vio un documental de beisbol en PBS cuando yo cambiaba los canales buscando un programa infantil para Charlotte. Era la primera vez que se quedaba viendo la televisión durante más de unos segundos, así que de inmediato presioné el botón para grabar en el DVR. Tan intrascendente como pueda parecer, este nuevo desarrollo fue un acontecimiento que nos cambió la vida. A pesar de mis intentos previos de lograr que Christian viera la televisión para que yo pudiera descansar de sus interminables exigencias de jugar beisbol, esa fue la primera vez que un programa de televisión captó su atención. Era un episodio de la miniserie documental de Ken Burns, "The Ninth Inning" (La novena entrada), que es una crónica de las Ligas Mayores de Beisbol, de 1970 a 1990, y a partir de ese momento se convirtió en el querido compañero de Christian y mi tan necesaria niñera durante el tiempo que lograra mantener su interés, a veces hasta una hora al día.

Después de los primeros días de clases, la maestra de preescolar de Christian, la Sra. B, dijo que él era diferente a los otros estudiantes que había tenido. A la señora B no le preocupaba mucho la fijación de Christian por su manera de vestir, ya que todos los días insistía en llevar su uniforme de béisbol completo a la escuela, pero sí le preocupaba que no se relacionara con sus compañeros y su falta de interés por participar en los típicos juegos para estimular su desarrollo. En lugar de tratar de forzar la situación y obligarlo a integrarse al grupo, la maestra aceptó las peculiaridades de Christian y logró encontrar maneras creativas de hacerlo participar en actividades grupales, adaptándolas a su fascinación por el beisbol. De este modo, si un proyecto de arte indicaba pintar cuadros de animales, la Sra. B le decía a Christian que pintara una pelota de beisbol. Incluso le hizo un tapete redondo que parecía una pelota de béisbol para que se sentara y se uniera a sus compañeros de clase durante la lectura en grupo. Michael y yo consideramos contarle sobre las afirmaciones de Christian de que había sido un "jugador de beisbol alto" y pedirle su opinión profesional sobre si debíamos preocuparnos o no, pero decidimos no hacerlo por temor a que otras familias de la escuela con creencias religiosas se enteraran y pensaran que estábamos locos.

Entonces sucedió algo que nos hizo dudar de nuestra propia cordura. Una tarde después de la escuela, fui a alcanzar a Michael a una fiesta en la agencia Mercedes-Benz de Calabasas, mientras Charlotte estaba en una clase de arte cerca de ahí. Lo único que a Michael le gusta más que el tenis son los automóviles de lujo. Aunque mirar coches valiosos no era mi idea de entretenimiento, acepté ir con él. Christian estaba profundamente dormido en el coche cuando llegamos al estacionamiento subterráneo de la agencia Mercedes-Benz de tres pisos, así que lo llevé cargando medio dormido al elevador. Cuando se abrieron las puertas del elevador, se bajó de un brinco y corrió para apretar el botón, un hábito que había desarrollado por hacerle la competencia a su hermana mayor.

Mirando las paredes y el techo del elevador, Christian comentó:

—Este elevador parece un hotel.

—Ajá —asentí con la cabeza.

—Cuando yo era un jugador de beisbol alto, alto como mi papi, me quedaba en hoteles casi todas las noches.

Me sorprendí al escuchar esta extraña información, pero le seguí la corriente para que me dijera más.

—¿Volabas en aviones?

Christian respondió con un tono muy seguro.

—No, casi siempre en trenes.

Nuestra conversación en ese elevador se quedó grabada para siempre en mi memoria; fue tan vívida y clara como el momento en que nació.

Escuchar estas palabras saliendo de la boca de mi hijo de tres años hizo que el tiempo se detuviera para mí, y mi mente confundida comenzó a pensar. *¿Cómo podía saber que los jugadores de beisbol viajan a los partidos y se quedan en hoteles? ¿De dónde salió su comentario sobre los trenes?* No recuerdo que en el documental que le encantaba ver hubieran mencionado esa información. Christian había ido a solo tres partidos de las Ligas Mayores de beisbol en su vida, no veía partidos de beisbol en televisión, nunca había estado en un tren, y no había manifestado interés por jugar con trenes de juguete. Ese fue el momento en que comencé a pensar que las coloridas reflexiones de Christian acerca de su vida como jugador de beisbol en una vida anterior podrían tener su fundamento en la realidad.

Cuando se abrió la puerta del elevador, agarré la mano de Christian y salí corriendo a buscar a Michael. Esta vez no estaba segura de que pudiera ayudarme a bajar de la nube. Lo encontramos sentado en el asiento del conductor de un Mercedes-Benz de exposición, bebiendo champán y platicando con el gerente de ventas. Christian se subió al asiento trasero del coche, y entonces aproveché para contarle a Michael nuestra extraña conversación en el elevador. Michael estaba tan perplejo como yo por los comentarios de Christian sobre hoteles y trenes, y dijo en voz alta lo que estaba pensando.

—Sería raro que Babe Ruth viajara en trenes, ¿no?

Nuestra conversación fue interrumpida por una modelo con un breve vestido que nos ofreció champán, una excusa perfecta para abandonar el tema y tratar de olvidar lo que acababa de pasar en el elevador.

Más tarde esa noche fui a mi computadora y busqué en Google: ¿Babe Ruth viajaba en tren? Me salieron imágenes de Babe Ruth y sus compañeros de equipo de los Yankees, viajando en tren. Leí que todos los equipos profesionales de beisbol viajaban en tren durante la era de Babe Ruth —de 1914 a 1935— y que no fue sino hasta mediados de los años 40 cuando los jugadores tuvieron la opción de volar a los partidos como visitantes. Compartí esa nueva información con Michael y juntos tratamos de encontrar una explicación racional en cuanto a de dónde Christian podría haber obtenido esta información. Descartando la posibilidad de que fuera por casualidad, asumimos que lo había escuchado en el documental de beisbol de Ken Burns que veía desde hacía dos meses.

Al día siguiente, Michael y yo vimos el capítulo completo de la miniserie de Ken Burns, de principio a fin, con la esperanza de resolver el misterio. Pero el programa no hacía referencia a la historia del beisbol antes de 1970. Decidimos investigar otras maneras en las que Christian podría haber obtenido la información. Las únicas veces que no había estado con nosotros desde que nació fueron las raras ocasiones en las que mi mamá lo cuidaba o mientras estaba en la escuela. Después de que mi mamá y la señora B nos aseguraran que estando bajo su cuidado no había aprendido nada de beisbol, Michael y yo nos convencimos de que no había forma de que Christian hubiera tenido acceso a esa información de fuentes externas. La señora B nos aconsejó que no descartáramos los comentarios de nuestro hijo como si fueran fantasías.

—Los niños de esta edad están muy cerca de Dios —dijo—. Su corazón es amor puro.

Antes de que tuviera a mis hijos, solía mirar a los ojos de un niño pequeño y sentía que un alma vieja me miraba fijamente. Usaba con frecuencia el término "alma vieja" para describir a los niños que parecían tener una sabiduría inexplicable para su edad. Pero ahora... que era mi propio hijo el que me decía cosas históricamente precisas acerca de una época anterior a que él naciera, me parecía francamente espeluznante. Me negaba a dar el salto de "alma vieja" a "reencarnación" porque estaba directamente en conflicto con mis creencias cristianas. Siempre me habían enseñado que el destino final del alma después de la muerte es el Cielo. A pesar de mi batalla interna de creencias, estaba decidida a entender lo que estaba pasando con nuestro hijo.

Mi búsqueda de respuestas me llevó a una mujer llamada Carol Bowman, quien escribió el libro *Children's Past Lives: How Past Life Memories Affect Your Child* (*Las vidas pasadas de los niños: cómo los recuerdos de vidas pasadas afectan a los hijos*). Me encontré su nombre al leer un artículo de ABC News de 2005 sobre su trabajo con un niño llamado James Leininger. Este chico le dio a sus padres información tan específica sobre su vida anterior como piloto de combate en la Segunda Guerra Mundial, que pudieron identificar al hombre como James Huston Jr. Incluso la hermana de James Huston, de 78 años, creía que James Leininger era el alma reencarnada de su difunto hermano, porque el niño reveló detalles personales sobre su familia que nadie más podría haber sabido. Me sentí identificada con esa historia porque la obsesión del niño con los aviones era similar a la de Christian por el beisbol.

Los padres de James Leininger comentaron que, desde que su hijo tenía dos años de edad, cada momento de su vida se desarrollaba en torno a los aviones y a la guerra. Dijeron que era común que James revelara detalles extraordinarios sobre su vida anterior justo antes de acostarse, cuando estaba somnoliento. Esta observación me llamó la atención porque las declaraciones de Christian sobre ser un "jugador de beisbol alto" siempre habían surgido justo cuando se estaba quedando dormido o después de despertarse. Según la terapeuta Carol Bowman, era uno de los patrones comunes entre los niños que reportan recuerdos de vidas pasadas. Después de leer que Carol trabajó con la familia Leininger para ayudar a que James superara las terribles pesadillas en las que moría en un accidente de avión, inmediatamente hice clic en su sitio web para saber más.

Me desanimé un poco cuando observé que en una pestaña de la página de inicio decía: "Terapia de regresión de vidas anteriores". Después de leer la información que contenía, resultó evidente que Carol estaba promoviendo el uso de la hipnoterapia para acceder a supuestas vidas pasadas, algo que estaba completamente fuera de mi zona de confort.

A continuación hice clic en una pestaña que decía:
"Vidas anteriores de los niños". Ahí es donde encontré
una visión general de los 25 años de investigación de Carol Bowman sobre el tema de los niños pequeños que recuerdan vidas pasadas. La biografía de Carol mencionaba
que su interés por el estudio de los recuerdos de las vidas
anteriores de los niños comenzó cuando cada uno de
sus dos hijos manifestó el conocimiento de haber vivido
otra vida. La página web ofrecía dos opciones para los
padres que pensaban que su hijo podría estar recordando
una vida pasada: la primera era unirse a un foro público
y la segunda era ponerse en contacto con Carol. Descar-
té la opción de compartir nuestra historia con gente que
no conocíamos y decidí enviar un correo electrónico
privado a Carol Bowman, con la esperanza de que fuera
capaz de explicarnos algo sobre nuestra situación. En un
nivel más profundo, quizá estuviera esperando que Carol
me confirmara que no estábamos locos por considerar
la posibilidad de que las historias de Christian sobre su
pasado fueran ciertas.

Carol respondió a mi correo electrónico en menos
de 24 horas y me aferré a cada una de sus palabras como
si estuviera de vuelta en la universidad de UCLA, escuchando a uno de mis profesores hablar sobre un tema que
no conocía. En su correo electrónico, Carol aseguró
que los niños que recuerdan sus vidas pasadas suelen
referirse a una época en que eran "grandes" o "altos",

como lo había hecho Christian. Dijo que uno de los aspectos más difíciles de los niños que hablan sobre estos recuerdos es el estado de *shock* en el que entran los padres cuando se dan cuenta de que su hijo está recordando una vida anterior.

"Si Christian dice algo más" —escribió— "inhalen profundamente y mantengan la conversación".

La sensación de *shock* a la que se refería era algo con lo que me identificaba totalmente, porque la había experimentado en más de una ocasión durante los últimos meses, y Michael también.

Carol continuó: "Los recuerdos de la vida pasada de los niños pueden manifestarse con talentos, habilidades y conocimientos innatos, como es el caso de tu hijo. También sucede que los niños muestran una obsesión por aviones de la Segunda Guerra Mundial, soldados de juguete, barcos, tocar un instrumento en particular, caballos o cualquier cosa que los conecte con sus vidas anteriores".

La historia de Christian le pareció fascinante porque era obvio que su atracción por el beisbol no era algo que nosotros hubiéramos provocado ni que le hubiéramos enseñado.

"Lo más revelador es el talento natural que tiene Christian para jugar beisbol a tan temprana edad", concluyó Carol. "Es muy probable que haya adquirido estas habilidades en una vida anterior como jugador de beisbol".

Sus palabras confirmaron lo que yo había estado pensando y pusieron mi mente a trabajar. Carol sugirió que tratáramos de averiguar quién había sido en su vida pasada, mostrándole las fotos de los equipos con los que Babe Ruth había jugado. Dijo que era importante no forzarlo, que solo le enseñáramos las fotos para ver si reconocía a su antiguo yo.

"No te preocupes por sacar conclusiones. Sé que este es un territorio completamente nuevo para ustedes. Solo sé una observadora atenta y escribe todo lo que Christian diga acerca de su vida anterior. Si está de humor para hablar sobre el pasado, está bien que lo incites haciendo preguntas abiertas, como las que describo en mi libro. No te preocupes por hacer sugerencias, pues puede ignorarlas cuando no sean acertadas".

Carol me animó a que lo hiciera más temprano que tarde pues hay un periodo muy pequeño de tiempo durante el que los niños hablan sobre el pasado y tienen acceso a esos recuerdos. Dijo que alrededor de los seis años, los recuerdos específicos suelen desaparecer, aunque el niño conserve los talentos, intereses y otros rasgos de personalidad que posee desde el pasado. Efectivamente, era un territorio desconocido para mí, pero las señales eran demasiado obvias como para ignorarlas.

Capítulo 5

El resentimiento

Perdonar no siempre es fácil.
Algunas veces duele más que la herida sufrida,
perdonar a quien la causó. Sin embargo, no hay paz sin perdón.
MARIANNE WILLIAMSON

Durante el otoño de 2011, las inocentes narraciones de Christian sobre su revelada vida como jugador de beisbol de otra época, se convirtieron en un ritual nocturno tan predecible como nuestras oraciones a la hora de acostarnos. Mientras Charlotte y yo nos convertíamos en su público cautivo, Christian nos describía vívidamente su vida como un "jugador de béisbol adulto" durante un tiempo al que se refería como los "viejos días". Nos dijo que los Dodgers solían jugar en Nueva York, cosa que no podía saber, y me sorprendió todavía más cuando dijo: "Jugábamos los partidos durante el día porque en los viejos días no había luces en el campo".

Siguiendo la recomendación de Carol Bowman, llevaba un registro de los comentarios de Christian en un cuaderno que guardaba en una repisa junto a su cama. Cuando investigué si eran verdad las cosas que nos contaba, me asombró que cada detalle que nos compartió resultara cierto. Los Dodgers, de hecho, estaban establecidos en Brooklyn, Nueva York, antes de mudarse a Los Ángeles, en 1957; y el primer juego nocturno que se realizó con luces en el Yankee Stadium fue en 1946, mucho después de que Babe Ruth se retirara del beisbol. La precisión y exactitud histórica de las declaraciones de Christian me llevaron a creer que había algo más que pura coincidencia.

Durante el otoño, Michael y yo nos dedicamos, la mayor parte del tiempo, a nuestra vida cotidiana; sin embargo, no dije nada sobre el conflicto interno que vivía entre mis creencias cristianas y la creciente evidencia de que nuestro hijo verdaderamente tenía recuerdos de su vida anterior. No nos preocupaba demasiado ninguna de sus extrañas revelaciones, excepto cuando llegó al tema de su persistente rencor hacia Babe Ruth. Su desagrado por ese hombre era tan intenso que Charlotte no tardó en darse cuenta de que la manera más efectiva de molestar a su hermano pequeño era llamarle "Babe Ruth". Después de soltar esas palabras, Charlotte salía corriendo y se encerraba en el baño más cercano para evitar que Christian le jalara el cabello en represalia. Incluso, Michael, que no solía involucrarse demasiado en las disputas entre los niños, pensaba que era muy extraño que la sola mención del nombre de Babe Ruth afectara tanto a Christian. Estaba claro que no se trataba de un acto para llamar la atención, porque el disgusto emocional y las lágrimas de Christian eran muy reales.

Michael y yo estábamos de acuerdo en que algo muy extraño estaba pasando con nuestro hijo, pero teníamos diferentes opiniones en cuanto a la manera de manejarlo. Le pregunté a Michael qué pensaba sobre la idea de Carol Bowman, de enseñarle fotos a Christian de los jugadores de la era de Babe Ruth para ver si podía reconocer a su antiguo yo. A pesar de que no estaba cien por ciento convencida de la idea de que nuestro hijo hubiera vivido una vida anterior como un "jugador de beisbol alto", debo admitir que ya había pasado por mi mente la idea de tratar de averiguar qué jugador afirmaba haber sido mucho antes de que Carol Bowman lo sugiriera.

—Apuesto a que dejará de hablar del asunto si lo ignoras cuando saque el tema —declaró Michael.

Sin embargo, al contrario, yo pensaba que conseguir que nuestro hijo se abriera más, le ayudaría a soltar su ira irracional hacia Babe Ruth. Ese fue el principal motivo que alimentaba mi curiosidad.

Haciendo caso omiso del consejo de Michael, empecé mi expedición hacia un territorio inexplorado, buscando fotos de equipos de beisbol de la era de Babe Ruth, como sugirió Carol. Imprimí las fotos en blanco y negro y las guardé en el cuaderno que dejaba al lado de la cama de Christian. Tan predecible como que el sol se metería, aquella noche antes de acostarse, Christian dijo de repente: "Babe Ruth no era bueno, mami".

En ese momento saqué una foto en blanco y negro del equipo de los Yankees, de 1927, y se la di a Christian sin decir una palabra. La miró con atención, señaló a Babe Ruth y dijo: "Ahí está el tonto de Babe Ruth".

—¿Crees que en este equipo hay jugadores a quienes Babe Ruth no les cae bien? —le pregunté con suavidad a mi hijo.

Aunque había 30 jugadores para elegir, Christian inmediatamente señaló a un tipo fornido, que tenía grandes hoyuelos en las mejillas y dijo con seguridad: "¡Él!".

Señalé al mismo jugador y le pregunté, "¿Lo conoces?". Entonces me miró a los ojos y dijo: "Soy yo".

Charlotte soltó una risita y disimulé mi asombro mirando las demás fotos. Tenía ganas de salir corriendo de la habitación, pero recordé que Carol Bowman me aconsejó que mantuviera la calma. Saqué unas cuantas fotos más del equipo y le pregunté a Christian si podía encontrar otro jugador de beisbol a quien no le agradara Babe Ruth. Señaló al mismo tipo fornido con hoyuelos en cada foto.

En cuanto Charlotte y Christian se quedaron dormidos, bajé corriendo las escaleras, entré a mi oficina y busqué en Google: 1927 Yankees hoyuelos. Mi búsqueda en Internet identificó al hombre que Christian había señalado en las fotos como Lou Gehrig. Lo único que sabía de Lou Gehrig, además de que había jugado para los Yankees de Nueva York con Babe Ruth, era que había muerto de una enfermedad que más tarde llevaría su nombre, la enfermedad de Lou Gehrig, también conocida como esclerosis lateral amiotrófica o ELA.

En ese momento, ya estaba bastante confundida por las afirmaciones de mi hijo que aseguraba que había sido un jugador de beisbol profesional en su vida anterior, pero el hecho de que además dijera que fue un jugador que había muerto de una terrible enfermedad incurable, era todavía más incomprensible.

Irónicamente, hacía dos meses que mi amiga Wendy le había regalado a Christian tres láminas de beisbol pintadas a mano por su tercer cumpleaños, y una de ellas era una imagen de Lou Gehrig durante su discurso de retiro en el Yankee Stadium. Guardé la lámina de Lou Gehrig, en lugar de ponerla en la habitación de Christian, porque me pareció deprimente el hecho de que hubiera sufrido una muerte tan terrible. Y ahora, este hombre, al que literalmente guardé en el clóset dos meses antes, se había convertido en el foco central de mi investigación para descubrir quién podía haber sido mi hijo en una vida anterior, a pesar de que yo todavía no estaba segura de creer en la reencarnación.

Antes de irme a dormir, me metí en las imágenes de Google para buscar a Lou Gehrig y encontré varias fotos de él con Babe Ruth abrazados. Fue un alivio ver que estas fotos no coincidían con la teoría de Christian de que al hombre de los hoyuelos no le caía bien Babe Ruth. Tal vez, algunas de sus historias sí eran inventadas. Imprimí unas cuantas fotos de los dos juntos para enseñárselas a Christian al día siguiente, justo antes de acostarse. Tal vez ver las fotos le ayudaría a soltar sus rencores hacia Babe Ruth.

Como era de esperarse, Christian comenzó el diálogo sobre Babe Ruth y Lou Gehrig la noche siguiente, antes de acostarse. Aproveché entonces la oportunidad para enseñarle las fotos de Babe y Lou abrazándose. Quizá Christian se convencería de que Babe Ruth no era tan malo. La primera foto que le mostré fue de Lou Gehrig y otro hombre con uniforme de los Yankees, que pensé que era Babe Ruth. Christian observó la foto y dijo: "Ese no es el tonto de Babe Ruth. Ese es el entrenador".

Miré las letras pequeñas del pie de foto y me sorprendió que Christian tuviera razón; el hombre que aparecía junto a Lou Gehrig en la foto era el antiguo entrenador de los Yankees, Joe McCarthy, no Babe Ruth. En esa época, Christian solo reconocía unas cuantas letras y no sabía leer, así que no había ninguna posibilidad de que hubiera leído las letras pequeñas. Aunque estaba empezando a pensar que en realidad podría estar reconociendo a estas personas, todavía no estaba convencida con la idea de que fuera Lou Gehrig. Además de estar totalmente fuera de mi ámbito de pensamiento, tampoco explicaba el rencor de Christian hacia Babe Ruth. Babe Ruth y Lou Gehrig parecían ser buenos amigos en las fotos que había encontrado.

Cuando los niños se durmieron esa noche, reanudé mi investigación en Internet. Quería llegar al fondo del rencor que Christian sentía por Babe Ruth, así que busqué en Google: ¿a quién no le caía bien Babe Ruth? Me encontré con una historia sobre la larga batalla de Babe Ruth con Ty Cobb, un hombre que, según el artículo, solía caerle mal a sus oponentes y a muchos de sus propios compañeros de equipo. En el mismo artículo leí que Babe Ruth no era necesariamente un "verdadero idiota", como había dicho la gente que pasó junto a nosotros durante el arrebato emocional de Christian en Fenway Park, pero la historia lo había pintado como bravucón, propenso a una vida de excesos.

Entonces me encontré algo que hizo que me estremeciera de pies a cabeza y me puso los pelos de punta. Era un artículo que explicaba perfectamente la aversión de Christian por Babe Ruth, en caso de que Christian fuera Lou Gehrig, como había afirmado. Leí que, además de ser compañeros de equipo y dos de los mejores bateadores zurdos de todos los tiempos, Lou Gehrig y Babe Ruth fueron los mejores amigos hasta que tuvieron una gran pelea. El artículo decía que Lou y Babe pasaron de ser compañeros de viaje, compañeros de golf y compañeros de *bridge* a ignorarse por completo, dentro y fuera del campo, a pesar de jugar en el mismo equipo. Leí que, la primera vez que los dos hombres volvieron a hablarse después de siete años, fue el 4 de julio de 1939, cuando Lou Gehrig anunció su retiro del beisbol en el Yankee Stadium.

El artículo describía que una nación entera se conmovió hasta las lágrimas por las inspiradoras palabras de un hombre que enfrentaba su muerte inminente por los efectos devastadores de la ELA. Mientras se limpiaba las lágrimas, Lou Gehrig dijo: "Hoy, me considero el hombre más afortunado en la faz de la Tierra. Y quizá esté pasando por un mal momento, pero tengo mucho por qué vivir". El héroe del beisbol dejó de respirar dos años después, cuando tenía 37 años de edad.

El artículo aseguró que la esposa de Lou Gehrig se molestó mucho cuando Babe Ruth se presentó borracho al funeral de Lou. Un amigo de la familia se refirió a la aparición de Babe Ruth ese día: "En efecto, los Gehrig no lo querían, ya que hubo fricción entre ellos durante años".

Este descubrimiento de la pelea entre ambos hombres me sorprendió tanto que de inmediato subí corriendo a decírselo a Michael. Lo encontré dormido en el sofá con el control remoto en la mano y la televisión encendida en la transmisión de un partido de tenis. Le toqué el hombro para despertarlo y la mirada sobresaltada en su rostro fue tan intensa como mis emociones en ese momento. Sin pensarlo, le conté todo:

—Michael, creo que Christian sí era Lou Gehrig.

En cuanto esas palabras terminaron de salir de mi boca, quise volver a meterlas. No fue sino hasta que oí mis propias palabras en voz alta que me di cuenta de lo irracional que sonaban.

Michael me miró confundido y me dijo: "Repítelo". Sin respirar, le conté todos los detalles que me llevaron a hacer esa absurda declaración. Le dije que Christian había identificado a Joe McCarthy como el entrenador de los Yankees; y le hablé sobre la disputa entre Lou Gehrig y Babe Ruth.

—Y luego, cuando le enseñé una foto de Lou Gehrig —inhalé profundamente y añadí—: Christian señaló su cara y dijo: "Ese soy YO".

Michael parecía intrigado por mi hipótesis, pero luego me rogó:

—Vamos a dormir y no hablemos de esto en la mañana, ¿está bien?

Así que nos acostamos a dormir, aunque yo estuve dando vueltas en la cama durante lo que me parecieron horas, con la imagen en mi mente de Christian enojado agitando su diminuto bate ante la imponente imagen de Babe Ruth.

Capítulo 6

Encontrando a Lou Gehrig

Nunca había oído hablar de [Lou] Gehrig antes de llegar aquí
y siempre creí que Babe Ruth era el personaje de una caricatura.
De verdad. Digo, nací en 1961 y crecí en Indiana.
DON MATTINGLY, LEYENDA DE LOS YANKEES
Y MÁNAGER DE BEISBOL DE LAS GRANDES LIGAS

A la mañana siguiente no saqué el tema con Michael porque sabía que no estaba bromeando la noche anterior cuando dijo que no habláramos de ese asunto. Michael tenía el mismo grado de interés en hablar de las afirmaciones de nuestro hijo de ser Lou Gehrig como en hablar de cualquier cosa que tuviera que ver con el beisbol: ninguno. Irónicamente, justo cuando empezaba a creer que Christian quería hablar más sobre el tema, Michael quería suspender las conversaciones.

Después de dejar a Christian en la escuela, en el estacionamiento me encontré a dos de mis amigas más cercanas, mamás de compañeros de Christian. Después de una reflexión de una fracción de segundo, procedí a

contarles las historias que Christian había compartido con nosotros durante los últimos meses. Sarah y Wendy habían sido mis fieles confidentes en el tema de la
crianza de los hijos desde que nos conocimos en una
clase abierta, cuando nuestros primeros hijos usaban pañales. Tenía la esperanza de que me ayudaran a navegar
por las turbias aguas de la incertidumbre. A pesar de que
ambas estaban al tanto de todos los detalles íntimos de
mi vida, tuve que hacer acopio de valor para compartir-
les este secreto en especial. Era demasiado personal.

Nuestra conversación se fue al demonio en cuanto les
dije a Sarah y Wendy que Christian había dicho que "se
quedaba en hoteles casi todas las noches" y había viajado
en trenes cuando era "alto como papá".

—Ay, Cathy, por favor —dijo Wendy con incredulidad—, pudo haberlo oído en cualquier parte.

Sarah se rio y añadió: "Estoy segura de que está inventándolo todo. Eso es lo que hacen los niños de tres años".

Ansiaba creer que tenían razón, pero no podía negar
que lo que sabía en mi corazón era verdad. No había
manera alguna de que Christian supiera esas cosas. Wendy, una devota cristiana, dijo algo que me atravesó como
un cuchillo.

—No quieres estar del lado contrario de Dios, Cathy.

En efecto, ya me sentía culpable por creerle a mi
hijo cuando decía que había vivido otra vida antes, pero
¿ahora esto?

Cuando no encontré el consuelo que buscaba en mis amigas, fui a pedirle apoyo a mi madre. Además de contarle todas las cosas que Christian nos había compartido acerca de ser un jugador de beisbol en los años 20, también le conté lo destrozada que me sentí cuando Sarah y Wendy no le dieron importancia a mis confesiones en el estacionamiento de la escuela. A mi madre, las revelaciones de Christian le parecieron extrañamente coincidentes. Sin embargo, su consejo fue que dejara de pensar en ello, tanto en las historias de Christian como en mi necesidad de convencer a Sarah y a Wendy de que Christian no estaba fantaseando.

Hice caso al consejo de mi mamá y dejé de lado el asunto durante unos días, hasta que ya no pude ignorar la insistencia de mi corazón de que buscara respuestas. Quería saber más sobre este señor Lou Gehrig, a quien nuestro hijo le había tomado tanto cariño. Sabía, por mis investigaciones, que el principal motivo de la fama de Lou Gehrig, además de su muerte prematura por la ELA, fue su ininterrumpida carrera como primera base inicial de los Yankees, en 2130 partidos consecutivos durante los años 20 y 30, pero quería saber más sobre la persona detrás de la leyenda.

Todas las descripciones que leí de Lou Gehrig se referían a él como el "Caballo de hierro", apodo que se ganó como resultado de su incomparable ética de trabajo y su plétora de récords de bateo, algunos de los cuales nunca se han roto. Lou Gehrig no solo era venerado por sus tremendas hazañas en el campo de juego, sino también por su excelente carácter y su impecable reputación. Mientras que Babe Ruth era el prototipo del don Juan y del que bebe en exceso, que simbolizó en los años 20, Lou Gehrig se mantuvo lejos de los problemas. Se enorgullecía de acostarse temprano y de dormir entre nueve y diez horas, mientras sus compañeros de equipo se iban de fiesta hasta altas horas de la noche. Lou vivió en casa de sus padres hasta los 30 años de edad. Un periodista deportivo captó su pasión por el beisbol y escribió en 1927: "Dicen que Lou Gehrig prefiere jugar beisbol que comer, lo cual dice mucho de cualquier jugador de beisbol". Esa cita me pareció especialmente chistosa porque podría decirse lo mismo de Christian.

Cuando leí que Lou Gehrig nació en 1903, me vino a la mente lo que Christian comentó en el campamento de la iglesia acerca de tener "fuego de verdad en las luces", cuando él era "un niño antes". Nunca fui amante de la historia, así que no tenía ni idea de que las casas tuvieron luz hasta principios de 1900. Cuando investigué, descubrí que Lou Gehrig había nacido mucho antes de que la electricidad iluminara las calles de Nueva York. El cambio de iluminación de gas a electricidad en la ciudad de Nueva York no se había terminado por completo sino hasta la década de 1920, por lo que era muy probable que la casa en la que Lou Gehrig vivió cuando era niño tuviera "fuego en las luces".

Cuando todos los caminos parecían llegar a Lou Gehrig, una noche antes de acostarse decidí enseñarle a Christian una foto de los padres de Lou Gehrig. Tenía curiosidad por saber si sería capaz de identificar sus nombres verdaderos entre una lista de nombres que yo había inventado.

—Christian, mira al señor de esta foto. ¿Se llama Joseph?

—No —respondió rápidamente.

Le dije otros cinco nombres falsos y cada vez respondió que no. Entonces llegó el momento de darle el verdadero nombre.

—¿Se llama Heinrich? —pregunté.

Christian sacudió la cabeza. "No".

Pensé que lo había vencido en este juego de adivinanzas hasta que leí el pie de foto, donde decía que al padre de Lou, Heinrich, le llamaban "Henry". Le señalé de nuevo al hombre de la foto y pregunté:

—¿Se llama Henry?

—Sí —dijo Christian con tranquilidad, como si esa información fuera del dominio público.

Entonces seguí adelante con mi pequeño experimento y le pedí que identificara a la madre de Lou Gehrig. Señalé a la mujer que aparecía en la misma foto.

—¿Es Mary? —pregunté.

Christian respondió: "No".

Luego dijo "no" tres veces más en respuesta a falsos nombres que le dije. Y entonces añadí: "¿Se llama Christina?".

—¡Sí! —tenía razón otra vez; Christina era su verdadero nombre.

Mirando más de cerca la foto, Christian vio el rostro de la mujer y me dijo:

—¿Por qué no estabas tú ahí, mami? Me gustas más.

Esta era, por mucho, la cosa más extraña que había dicho hasta que, unos segundos después, dijo algo aún más sorprendente mientras señalaba la foto de Christina Gehrig:

—Mami, tú eras ella.

La piel de mis brazos se puso chinita hasta la parte posterior de mi cuello y los pelos se me pusieron de punta. En un intento de cambiar de tema, le pregunté a Christian si Henry y Christina tenían coche. Él respondió:

—Solo los extraños tenían coches.

Christian me dijo entonces que Henry y Christina fumaban, lo cual hizo reír a Charlotte. Jugando, lo jalé hacia mí y lo abracé, pero sentí que se resistía. Siguió mirando la foto, pensativo, hasta que interrumpió el silencio y volvió a decir:

—Mami, tú eras ella.

Me estremecí un poco. Era evidente que Christian quería asegurarse de que le había entendido. Cuando asentí para simular que sí, Charlotte se inclinó y me dijo al oído:

—Esto ya se está poniendo muy raro.

No le di mucha importancia a su insistencia de que yo era Christina Gehrig, porque pensé que era su forma de integrar los dos mundos en los que vivía; su supuesta vida pasada como jugador de beisbol y su vida actual. Sin embargo, me impresionó que pudiera identificar correctamente los nombres de los padres de Lou Gehrig. También me sorprendió que la madre de Lou Gehrig haya emigrado exactamente de la misma zona del norte de Alemania donde nacieron y crecieron los padres de Michael. En otro extraño giro del destino, mi abuela materna, como la de Lou Gehrig, era también hija de inmigrantes alemanes y creció en un barrio muy pobre de Chicago a principios de 1900. Creí que era muy probable que la familia de inmigrantes alemanes de Lou Gehrig, que apenas tenía dinero para llegar a fin de mes, estuviera entre las últimas en tener electricidad o coche. Esto concuerda perfectamente con la afirmación de Christian de que "solo los extraños tenían coches".

Tampoco podía olvidar las extrañas similitudes físicas entre Christian y Lou Gehrig. Además de su compartida herencia alemana, Christian y Lou eran zurdos y tenían esos hoyuelos prominentes, y el de la izquierda evidentemente más profundo que el de la derecha. No me había parecido algo significativo hasta que Carol Bowman señaló la semejanza física entre Lou Gehrig y Christian, y me dijo que es muy común que los rasgos físicos se transmitan de una vida a otra.

El último día de clases, antes de las vacaciones de Acción de Gracias, me reuní con Sarah y Wendy en donde solíamos desayunar para celebrar el cumpleaños de Sarah. A pesar de lo que había decidido, volví a sacar el tema de las historias de la vida pasada de Christian. Emocionada, les conté que Christian había identificado a los padres de Lou Gehrig en la foto. Cuanto más apasionado era mi argumento para convencerlas, más distantes se mostraban ambas. Parecía que se hubieran puesto de acuerdo; incluso Sarah habló por las dos cuando dijo cortante: "De verdad necesitas superarlo, Cathy".

Sus palabras me atravesaron y en ese momento tomé la decisión consciente de mantener mis futuras conversaciones con Sarah y Wendy limitadas a temas más triviales.

Capítulo 7

Poseído o loco

Cuídense, no desprecien a ninguno de estos pequeños.
Pues yo se lo digo: sus ángeles en el Cielo contemplan
sin cesar la cara de mi Padre del Cielo.
MATEO 18:10

Por primera vez en mi vida, no sabía en qué creer. Sentía como si mi amada vida estuviera colgada de un péndulo que se balanceaba con violencia. Mi fe cristiana dictaba que ignorara la explicación de la reencarnación, y sin embargo, mi instinto me decía que era de alguna manera factible. Estaba sucediendo algo más allá de mi entendimiento. Me sentía petrificada como para hablar con el pastor de la Iglesia sobre de lo que estaba pasando, así que opté por mi buen amigo, el pastor Wyatt, para ver si podía ayudarme a encontrar el camino.

Michael y yo conocimos a Wyatt antes de casarnos, cuando se unió a nuestro Club Rotario. Los tres llegamos a conocernos a un nivel más profundo, ya que Wyatt fue nuestro asesor prematrimonial. Y nos unimos de por vida al haber sido el que ofició la ceremonia de nuestra boda en la playa en Malibú. Poco después de la ceremonia, Wyatt se mudó a Montana con su esposa e hija para convertirse en el pastor principal de una iglesia luterana. Nuestra comunicación con el pastor Wyatt se redujo a un intercambio anual de tarjetas de Navidad, comentarios en Facebook y uno que otro correo electrónico ocasional. A pesar de que las creencias del pastor Wyatt eran mucho más conservadoras que las mías, ninguno de los dos se negaba a un buen debate sobre temas de espiritualidad, y solíamos aceptar cuando estábamos en desacuerdo.

Mi última discusión con el pastor Wyatt se centró en un *post* de Facebook en el que hablaba de sus planes de bendecir un hogar que estaba supuestamente habitado por lo que él llamó un "espíritu maligno". Cuando sugerí que la visita sobrenatural que describió podría ser un alma que aún no había encontrado el camino al Cielo, el pastor Wyatt dejó muy claro que creía que no existía tal cosa como un fantasma amistoso. El intercambio por Facebook sobre el tema llegó a su fin cuando comenté que nunca había encontrado a una persona que me pareciera completamente "malvada", y en verdad, no compartía su opinión de que existiera un "espíritu maligno". Me entristeció su punto de vista, sin embargo, valoro nuestra amistad.

Escribí a conciencia una carta de cuatro páginas en la que describí todos los incidentes recientes que me llevaron a creer que mi hijo podría haber sido un jugador de beisbol en una vida anterior, y se la envié al pastor Wyatt por correo electrónico para que me diera su opinión sobre la situación. Inmediatamente después de dar clic en el botón de enviar, me inundaron miles de temores. Pensé en todos los comentarios horribles que leí en respuesta a la historia de James Leininger, el niño que aseguraba que en una vida pasada había sido piloto de combate en la Segunda Guerra Mundial. El consenso entre los cristianos conservadores que respondieron era que el niño necesitaba desesperadamente un exorcismo. En mi interior sabía que no era cierto, pero no pude quitarme de la mente la imagen de la cabeza de Linda Blair dando vueltas en una escena de *El exorcista*.

Mi corazón dio un gran vuelco cuando la respuesta del pastor Wyatt apareció unas horas después en la bandeja de entrada de mi correo electrónico. Allí estaba, en blanco y negro, mi peor pesadilla hecha realidad. Wyatt no dijo de forma directa que pensaba que Christian estuviera poseído o loco, pero era tal el peso de sus palabras, que mi mente se apresuró a sacar esa conclusión. Sentí náuseas después de leer la primera línea, un pasaje de la Biblia: (Hebreos 9:27) "Así como los hombres mueren una sola vez, y después viene para ellos el juicio".

Pensé que era el intento del pastor Wyatt de librarme del precipicio y rescatarme de mi propia muerte antes de que fuera demasiado tarde. Sin embargo, esta escritura bíblica no me pareció una evidencia empírica en contra de la reencarnación. *La Biblia dice que "los hombres mueren una sola vez", pero ¿esto impide que un alma experimente más de una vida?* En el mismo correo electrónico, el pastor Wyatt se ofreció a orar por nuestra familia y me advirtió amorosamente de la reacción que podría surgir si compartíamos la historia de nuestro hijo con gente de fe. La implicación parecía ser que la gente pensaría que nuestro hijo estaba poseído por el espíritu de una persona muerta. Al terminar, Wyatt preguntó: "¿No era Art Linkletter conocido por decir: 'Los niños dicen las cosas más extrañas'?". Respondí a su correo electrónico, agradeciéndole por su aportación y sus oraciones, pero detrás de mis comentarios amables, me sentía más confundida que nunca.

Una vez oí a alguien decir: "Tienes que perderte para encontrarte a ti mismo". A mis 44 años de edad nunca me imaginé que pudiera perderme. No pensé que tuviera la energía ni la inclinación para embarcarme en el viaje de encontrarme a mí misma, pero fue esta vez cuando el viaje me encontró. El correo electrónico del pastor Wyatt me inspiró para profundizar en las raíces religiosas de la reencarnación. Me interesaba, en especial, descubrir por qué el concepto de vivir más de una vida era incompatible con el cristianismo. Mi investigación reveló que en ninguna parte de la Biblia se menciona la reencarnación, y mucho menos se prohíbe. Para mi sorpresa, no encontré una sola escritura en la Biblia que repudiara la reencarnación, o "renacimiento", como se llamaba en las enseñanzas religiosas antiguas.

Me sorprendí al descubrir que los conceptos de "pre-existencia" y "renacimiento" eran parte integral de casi todas las religiones, incluyendo el cristianismo, hasta el año 325 d. C., cuando el emperador romano, Constantino el Grande, decretó que hablar de "renacimiento" era un acto de herejía contra la Iglesia. Para el año 385 d. C., la unión de la Iglesia y el Estado era completa, y hablar de la reencarnación ya no solo era un pecado, sino también un delito que se castigaba con la muerte. Las masacres de hombres, mujeres y niños que promovieron los conceptos de reencarnación, "renacimiento" o "preexistencia" del alma continuaron hasta bien entrado el siglo XV. En el siglo XVI, estos conceptos habían sido eliminados de las enseñanzas cristianas, con excepción de algunos grupos místicos secretos. *¿La culpa que sentía por creer en la reencarnación podría estar arraigada en esta sangrienta persecución religiosa que ocurrió hace siglos?* Lentamente comencé a perdonarme por salirme de mis creencias cristianas en mi búsqueda de respuestas. Esto desató una nueva sensación de libertad para explorar lo desconocido.

Fue entonces cuando profundicé en el trabajo del Dr. Ian Stevenson, médico y psiquiatra que había dedicado sus 40 años de ejercicio como jefe de la División de Estudios Perceptuales de la Facultad de Medicina de la

Universidad de Virginia, a investigar recuerdos de vidas anteriores y experiencias cercanas a la muerte de los niños. Los estudios del Dr. Stevenson sobre reencarnación se centraron en niños muy pequeños porque sentía que sus limitadas experiencias en la vida permitían aislar recuerdos que solo podían explicarse con una vida anterior. En cada caso, se esforzó por identificar todo a lo que un niño había estado expuesto con el fin de descartar la posibilidad de que obtuviera la información en su vida actual. Los 2500 casos documentados del Dr. Stevenson de niños que recordaron vidas pasadas proporcionaron evidencia sólida y científica de la que podía aferrarme. Me gustaba el hecho de que fuera un escéptico y había hecho todo lo posible para desmentir los casos que había investigado.

Los descubrimientos del Dr. Stevenson como parasicólogo ocasionaron que lo compararan con Darwin y Galileo, a quienes sus contemporáneos habían despreciado y ridiculizado debido a sus ideas no convencionales. Muchos colegas de Ian Stevenson, de la Universidad de Virginia, se opusieron a que al jefe de su programa de salud mental realizara investigaciones paranormales. Sin embargo, eso no lo detuvo en su búsqueda por responder la vieja pregunta: "¿Qué sobrevive a la muerte del cuerpo?". Stevenson viajó por todo el mundo para conocer a las familias, oír sus historias y determinar si los recuerdos de los niños eran válidos.

Al final, se convenció a sí mismo y a los demás de que estos recuerdos, que salían de la boca de los niños, eran la clave para demostrar científicamente la eternidad del alma. Según Stevenson, solo un pequeño porcentaje de niños conserva recuerdos de sus vidas anteriores. La investigación de los contemporáneos de Ian Stevenson, David Barker y Satwant Pasricha, descubrió que incluso en la India, donde casi todos creen en la reencarnación y no se considera algo fuera de lo común, solo una de cada 450 personas recuerda sus vidas pasadas.

Cada uno de los estudios de caso del Dr. Stevenson siguió el mismo protocolo. Comenzaron con un niño pequeño, por lo general de entre dos y cuatro años de edad, que hablaba de una vida pasada y revelaba información sobre personas y lugares de los que nadie en la familia había oído hablar. En la mayoría de los casos, los recuerdos eran acompañados por comportamientos extraños que apoyaban las afirmaciones del niño. Los niños que estudió solían hablar de sus recuerdos durante meses o años, incluso en los casos en los que la familia del niño había intentado suprimir tales recuerdos.

En cada caso, el Dr. Stevenson utilizó estrictos métodos científicos para entrevistar al niño, mientras los recuerdos seguían frescos. También cuestionó ampliamente a los miembros de la familia para asegurarse de que el niño no hubiera adquirido los hechos reportados por experiencias en su vida actual. Muchos niños de los estudios del Dr. Stevenson aseguraron que eran "grandes"; recordaron acontecimientos vívidos de otra vida, y mostraron habilidades que no correspondían a su edad y que no habían aprendido ni les habían enseñado. Algunos niños incluso hablaron en idiomas a los que nunca habían estado expuestos. Los criterios del Dr. Stevenson para evaluar los recuerdos de vidas pasadas de los niños sonaban marcadamente similares a los comportamientos y declaraciones que nuestro hijo había estado demostrando.

Me sentí un poco inquieta cuando leí la teoría del Dr. Stevenson de que un niño puede heredar marcas o defectos de nacimiento en su vida actual como resultado de enfermedades o lesiones de su vida anterior. Leí que el Dr. Stevenson atribuyó su interés personal por este fenómeno a que él padeció defectos del tubo bronquial desde que era pequeño. Esto me llamó la atención porque la persona que Christian afirmaba ser había muerto joven de una enfermedad mortal. Christian no tenía marcas o defectos de nacimiento distintivos, pero sí padecía ataques de asma, por lo que habíamos acabado en el hospital un promedio de tres a cuatro veces por año desde que tenía seis meses de edad. En mi experiencia como madre, no había nada más agotador que pasar noches sin dormir viendo cómo un hijo lucha por respirar. No pude evitar preguntarme si la teoría aparentemente extravagante del doctor Stevenson tenía algo de verdad.

Ya no podía negar las afirmaciones de nuestro hijo de ser un jugador de beisbol en una vida anterior solo porque el concepto de reencarnación no iba de acuerdo con mis creencias cristianas. Dejé de preocuparme porque los demás me criticaran y me comprometí más a buscar la verdad.

Fue entonces cuando me encontré con una hermosa enseñanza en el Talmud Babilónico que parecía tener perfecto sentido. Según este texto judío medieval, el ángel Lailah vive en el útero y vela por el embrión hasta que es hora de nacer. El ángel enseña al niño no nacido todo lo que debe saber sobre los misterios de la vida y su propia alma. Cuando llega el momento de que el niño nazca, el ángel Lailah pone su dedo delante de su boca como si dijera "shhh", y luego presiona el labio superior del niño para que olvide todos los recuerdos. De acuerdo con el mito, el ligero toque en el labio del niño deja una pequeña marca sobre el labio llamado *filtrum*, y es algo que todos tenemos. Empecé a pensar que tal vez el ángel Lailah no presionó con suficiente fuerza en los labios de algunos niños, y que era por eso que habían llegado a su vida actual con recuerdos del alma.

Di un suspiro de alivio cuando me encontré la lista de Watkins de las "100 personas más influyentes espiritualmente" de 2011. La lista estaba llena de gurús muy respetados que predican la eternidad del alma y la posibilidad de vivir más de una vida. El papa Benedicto XVI no aparecía en los primeros 30, pero el número dos en la lista era el dalái lama; se cree que es el alma reencarnada del Buda de compasión y otros 14 monjes tibetanos. Incluso se hizo acreedor al Premio Nobel de la Paz por su oposición no violenta a la ocupación china del Tíbet, que no es malo. Esa noche en la cama, le pregunté a mi marido medio dormido: "¿Crees que alguien haya dicho que el dalái lama está poseído?".

Se tapó con las sábanas y se dio la vuelta mientras murmuraba entre dientes: "Ya olvídalo".

No podía olvidarlo, pero hice todo lo posible por abstenerme de sacar el tema con Michael. Los próximos días festivos nos dieron una muy necesaria distracción. Para esa Navidad, lo único que Christian le pidió a Santa fue "bases grandes y blandas" y una máquina para hacer líneas de base con gis. Sus deseos se hicieron realidad.

Uno de los aspectos más destacados de 2011 fue la inesperada sorpresa de ver a Charlotte y Christian andar en bici sin llantitas por primera vez, no porque hubieran dominado la técnica, sino por la expresión de alegría en sus rostros cuando se dieron cuenta de que podían sostenerse por sí mismos. Nos recordó que, para mantener el equilibrio es necesario seguir avanzando y conservar la cabeza erguida, especialmente cuando sientes que te tambaleas. Esta lección fue muy útil para toda la familia en este momento especial de nuestra vida.

Capítulo 8

Fiebre de primavera

Ese es el verdadero presagio de la primavera,
no los azafranes o golondrinas que vuelven a Capistrano,
sino el sonido de un bate contra una pelota.
BILL VEECK

En la primavera siguiente, nuestra familia se integró a la Liga Infantil de Beisbol. Con tres años y medio de edad, Christian llevaba más de la mitad de su vida esperando este momento. En unos meses alcanzaría la edad mínima para jugar en la liga infantil de *tee-ball*, pero le pedí al presidente que hiciera una excepción con nuestro hijo obsesionado con el beisbol. Los campos verdes, con sus montículos polvorientos, se convirtieron en nuestro nuevo hogar fuera de casa. Puesto que el libro *Fuera de serie*, de Malcolm Gladwell, era muy popular en ese momento, Michael y yo solíamos bromear acerca de que Christian, con tres años de edad, ya estaba cerca de alcanzar las 10000 horas que Gladwell recomendaba para dominar cualquier habilidad.

La cantidad de tiempo que Christian pasaba cada día golpeando, atrapando y lanzando pelotas de beisbol era asombrosa. Su cuerpecito estaba en constante movimiento y se negaba a disminuir la velocidad, incluso cuando estaba dormido. En medio de un sueño profundo, Christian se sentaba a veces en la cama y decía cosas como: "¡elevado!" sin despertarse. El comienzo de la temporada de beisbol de la liga infantil significó una bienvenida para su amor por el juego, y yo esperaba en secreto que la experiencia de estar en un equipo lo distrajera de seguir pensando en los Yankees y Lou Gehrig.

Irónicamente, mientras Christian estaba en su primera práctica de *tee-ball*, en el programa *Intentional Talk* de MLB Network pasaron un video de él practicando su bateo en el set de la película de Adam Sandler. Los presentadores del *talk show* dijeron de broma que el campo de los Medias Rojas estaba buscando a un niño de tres años. La broma incluía una revisión de las estadísticas de Christian y un anuncio de su papel jugando beisbol en la comedia de Adam Sandler que pronto sería lanzada, *Ese es mi hijo*.

La noticia que presentaron en la MLB Network fue una sorpresa, pero la sorpresa más grande sucedió unos días antes, cuando me llamó mi hermanastra, Laura, mientras corría en las colinas cerca de la casa. Cuando le contesté, sus primeras palabras fueron: "¡Christian está en las noticias!". Pensé que se refería al artículo publicado en el periódico local *Thousand Oaks Acorn* sobre el papel de Christian en la película de Adam Sandler, pero me acordé de que Laura vivía en Nashville y todavía no le había contado sobre ese artículo. Era como surrealista oír que una foto de Christian y Adam Sandler estuviera en las noticias del día, en la página de inicio de Yahoo. Esta fue la primera señal de que estábamos a punto de subirnos a un tren de medios fuera de control que no podíamos detener. En ese momento, parecía que nuestra única opción era ir con la corriente y esperar que el daño fuera mínimo. Regresé a casa a una velocidad récord, ansiosa por saber cómo diablos había sucedido.

Resulta que un escritor deportivo local y presentador de programas de radio, llamado Ben Maller, había leído esa mañana el artículo sobre Christian en un periódico local y había utilizado la información para escribir una historia para Yahoo Deportes. El titular del artículo de Ben en la página de inicio de Yahoo decía: "YouTube consigue el rol de beisbolista en una película, a un niño de 3 años". La historia incluía un enlace a nuestro video de YouTube sobre Christian en la filmación de la película con Adam Sandler. En el transcurso de dos días, el video recibió más de 800 000 visitas. Haciendo un poco de investigación, descubrí que no era coincidencia que el video de YouTube se hubiera vuelto viral. Yahoo y YouTube eran socios estratégicos en ese momento, y lo que acabábamos de experimentar era una buena y típica promoción cruzada. Así como había aprendido mucho más de lo que me hubiera imaginado sobre el beisbol, también estaba aprendiendo mucho más de lo que hubiera querido saber sobre YouTube. El deber de padre de examinar los cientos de comentarios de los visitantes, para eliminar cualquier declaración obscena, se añadió a mi lista de cosas por hacer.

En la primavera de 2012, la pasión de Christian por el beisbol se extendió como plaga en nuestra familia. Incluso Michael, que había tenido poca paciencia para las escenas de beisbol en la película *El juego de la fortuna*, el año anterior, se volvió adicto a los momentos finales de la novena, dos *outs*, dos *strikes* y el bateador conectando un jonrón que da la victoria a su equipo. Christian comenzó a ver los juegos de los Dodgers en televisión, y su enamoramiento hacia los jugadores de las Grandes Ligas nos inspiró para que nos convirtiéramos en titulares de boletos de la temporada de los Dodgers. Esto significaba largos viajes al Dodger Stadium, una vez a la semana, para ver hermosas puestas de sol, aire fresco, recoger pelotas de foul en la práctica de bateo, fuegos artificiales el viernes por la noche y más muñecos cabezones de los que podíamos tener en casa.

Justo antes de que comenzara la temporada, Guggenheim Baseball Management había adquirido a los Dodgers de Los Ángeles por el precio más alto que se hubiera pagado por una franquicia deportiva: 2150 millones de dólares en efectivo. Me emocioné cuando supe que mi antiguo jefe, Earvin "Magic" Johnson, era uno de los nuevos dueños de los Dodgers. No había vuelto a tener contacto con Magic desde hacía catorce años, cuando dejé de trabajar como vicepresidente de la Fundación Magic Johnson para empezar una carrera en bienes raíces con mi madre.

Pero este giro inesperado de la vida significó una gran oportunidad para revivir la amistad. Cuando nuestros caminos se cruzaron en el Dodger Stadium el martes por la noche, presenté a Magic con Christian, y le hablé de la idea de que realizara un primer lanzamiento ceremonial en un juego de los Dodgers. Aunque Magic no tomó muy en serio mi petición, mi tenacidad le pareció divertida.

Unos días después, cuando recorría los pasillos de una tienda de comestibles acompañada por Charlotte y Christian, recibí una llamada de la oficina principal de los Dodgers. La persona del otro lado de la línea dijo que él y su colega, que también estaba en la línea, me llamaban porque se habían enterado de la petición de que mi hijo, de tres años, hiciera un primer lanzamiento en un partido de los Dodgers. El hombre dijo:

—Señora, ¿sabe que todo el mundo quiere que su hijo haga un primer lanzamiento, verdad?

En ese momento mi sentido de reconocimiento hizo clic y me di cuenta de que me estaban provocando.

Pregunté riéndome: "¿Eres Lon?". Y en efecto, era mi viejo amigo Lon Rosen, el agente de toda la vida de Magic Johnson, que conocí cuando me entrevistó para trabajar en la fundación de Magic. Resulta que Lon ahora era el vicepresidente ejecutivo de mercadotecnia de Los Ángeles Dodgers. Los tres nos reímos e incluso logré mantener mi sentido del humor cuando Lon me dijo la decepcionante noticia de que no había posibilidad de que Christian lanzara la primera bola en un partido de los Dodgers.

Sus palabras exactas fueron: "No va a suceder".

Puesto que mis esperanzas de que Christian lanzara la primera bola en un partido de los Dodgers se fueron al traste, su maestra de preescolar, la Sra. B, consiguió que lanzara la primera bola en un partido de beisbol de la secundaria. Christian se lo pasó tan bien, lanzando la primera bola en el partido de secundaria, que otro amigo hizo arreglos para que lanzara la primera bola en un partido de beisbol de la Universidad Pepperdine. Sentado en la caseta con los jugadores de la universidad, en el hermoso campo que da a la costa de Malibú, para nuestro pequeño era como estar en el cielo. En el montículo se sentía como en casa y su lanzamiento de la primera bola fue un gran éxito entre la multitud. A la semana siguiente, nos sorprendimos cuando dos fotos a color del lanzamiento de Christian, en el partido de la Universidad Pepperdine, aparecieron en la primera plana del periódico *The Malibu Times* con el título: "Cuidado,

Clayton Kershaw". En ese momento no teníamos idea de quién era Clayton Kershaw, pero dedujimos, sin problema, que debía tratarse de un pícher de los Dodgers.

En su mayoría, disfrutábamos consentir la pasión de Christian por el beisbol, pero había días en que rezábamos para que terminara con su exigencia. Cuando estaba en el papel de pícher, nos pedía que corriéramos a las bases cada vez que bateaba una pelota, y llevaba la cuenta de la puntuación en la cabeza. Era imposible que dejáramos de jugar beisbol familiar hasta que no se hubiera hecho el último *out*. En una de nuestras numerosas salidas a jugar beisbol en una escuela secundaria local, Christian vio unos *spikes* de metal³ sobre un bote de basura de la caseta. Este sucio zapato se convirtió en su tesoro más preciado y muchas noches se quedaba dormido abrazándolo.

Una noche antes de irse a la cama, Christian dijo: "En los días de antes usábamos tacos de metal, pero no cascos para batear". Se trató de otra declaración que resultó ser cierta durante la era de Lou Gehrig. Descubrí que los tacos de metal se inventaron en 1882 y los cascos para batear no se introdujeron en las Grandes Ligas sino hasta mediados de los años cincuenta. A Christian aún le faltaban tres años para aprender a leer y estaba segura de que no había estado expuesto a esa información.

---

3 Los *spikes* son los zapatos que usan los beisbolistas. Están hechos como cualquier zapato deportivo, solo que estos llevan unos picos de metal para tener mayor agarre en la grava y el césped.

Poco antes del lanzamiento de la película de Adam Sandler, *Ese es mi hijo*, recibimos un correo electrónico de Rhiannon Potkey, una reportera del periódico *Ventura County Star*. A Rhiannon se le había asignado la tarea de escribir una alegre historia, de interés general, sobre el descubrimiento de Christian en YouTube, para la película. Sin embargo, en el intercambio de correos quedó claro que estaba mucho más interesada en la pasión de Christian por el beisbol que por su pequeño papel como actor. Era un lunes por la tarde del mes de mayo cuando do Rhiannon se presentó en la casa para llevar a cabo la entrevista. El conocimiento que Rhiannon tenía de los deportes, de todos los deportes, estaba más allá de mi comprensión.

Después de hacerle algunas preguntas, descubrí que Rhiannon había sido una atleta consumada y se había enfrentado a Serena Williams, en más de un partido de campeonato, durante sus días como jugadora en el competitivo circuito de tenis del sur de California. Con un corte de pelo tipo *bowl*, también había luchado en los campos de la liga infantil para ganar credibilidad entre los hombres, mucho antes de las famosas hazañas de Mo'ne Davis en la Serie Mundial de la Liga Infantil. Por desgracia, la carrera deportiva de Rhiannon se vio truncada debido a un dolor debilitante, que a veces era tan intenso que debía quedarse en la cama durante días, al grado de que sus amigos le tenían que llevar comida.

Antes de su visita, me advirtió que si ese día no se sentía bien, tendría que reprogramar la entrevista, pero afortunadamente tuvimos un buen día.

Cuando llegó Rhiannon, Christian estaba en su acostumbrado ritual de jugar beisbol en la sala de estar, mientras Charlotte preparaba en la cocina *Kool-Aid* para la fiesta de su séptimo cumpleaños. Le expliqué a Rhiannon que Christian hacía eso todos los días durante horas y horas. La reportera de noticias deportivas se puso en acción de inmediato, comenzó a lanzarle bolas a Christian y a animarlo, y él bateaba bolas bajas y mandaba elevados hacia el ventilador de techo. Rhiannon asumió hábilmente los papeles de pícher y cácher en el partido imaginario de Christian, además de hacerle preguntas al mismo tiempo y escribir notas sin que una sola pelota la golpeara.

Cuando la curiosa reportera me pidió permiso de entrevistar a Charlotte para que le diera su opinión sobre su hermano, acepté de buena gana. Lo primero que Rhiannon le preguntó fue por qué le gustaba tanto el beisbol a su hermano. Y fue cuando mi peor pesadilla se convirtió en realidad. El monólogo de Charlotte, avivado por el *Kool-Aid*, sobre los recuerdos de la vida pasada de Christian comenzó con: "Christian era un jugador de béisbol alto. Jugaba en la primera base de los Yankees". Antes de que pudiera interrumpir, Charlotte ya le había soltado la sopa. "Era Lou Gehrig, y odia a Babe Ruth".

Atropellé mis propias palabras mientras intentaba explicarle a Rhiannon de qué estaba hablando Charlotte y luego le supliqué: "¿Está bien que esto no salga de aquí?". Cuando su respuesta fue una risa y no el "sí" que yo esperaba, me imaginé un titular que diría: "Niño de tres años piensa que es Lou Gehrig". Me convertí en un manojo de nervios solo de pensarlo.

Intentando cambiar de tema, le sugerí que subiéramos para que Christian le diera un *tour* por su habitación. Cuando pasamos por el lavadero, Christian señaló un montón de pantalones de beisbol con manchas de pasto fresco y dijo con orgullo: "Esos son mis pantalones de beisbol". Rhiannon se mostró impresionada y luego añadió: "Yo los manché de verde cuando me barrí en el pasto". Se rio cuando le dije que Christian usaba un promedio de diez pares de pantalones de beisbol a la semana y a veces se las arreglaba para llevarse a la escuela la concha protectora sin que yo me diera cuenta. El *tour* por la habitación de Christian incluyó la presentación de sus amados tacos de metal, y luego, lleno de emoción, le mostró a Rhiannon su bola autografiada por Matt Kemp.

Poco después, mientras acompañaba a Rhiannon a su coche, me dijo: "Me recuerdas a Kathy Bryan, la madre de los hermanos Bryan". Sabía exactamente a quién se refería, no solo porque los gemelos de Kathy eran el mejor equipo de dobles de tenis profesional en ese momento, sino porque era una gran fan del libro de Wayne

Bryan, el marido de Kathy: *Raising Your Child to Be a Champion in Athletics, Arts and Academics* (*Educa a tu hijo para que sea campeón en deportes, arte y estudios*). Para mí, Kathy Bryan era un modelo a seguir como entrenadora y como madre, porque defendía la idea de que los niños se divirtieran con el deporte mientras inculcaba los valores de esfuerzo y disciplina. El consejo de Wayne Bryan para padres y entrenadores era que nunca obligaran a un niño a jugar contra su voluntad y siempre los mantuvieran interesados. Antes de irse, Rhiannon dijo: "Decir que Christian come, duerme y respira beisbol es una ironía".

Michael se preocupó cuando le conté que Charlotte le había dicho a la reportera sobre las pretensiones de Christian de ser Lou Gehrig. Michael gruñó: "¡Qué bien! ¡El mundo entero va a pensar que nuestro hijo está loco!". Cuando el artículo llegó a los puestos de periódicos, dos fotos a color de Christian adornaban la portada del Ventura County Star debajo del gran titular: "La pasión nunca descansa". Sobre el titular había una cita mía: "El chico es muy afortunado, pero no tiene idea. Ama el beisbol". Rhiannon dio varios ejemplos de la pasión extrema de Christian por el beisbol y sobre sus habilidades en este deporte escribió: "El zurdo tiene una forma casi perfecta cuando abanica y una mirada intensa cuando hace un lanzamiento con un movimiento de pierna".

El artículo terminaba con una cita de Christian en respuesta a por qué nunca quiere dejar de mover un bate o de lanzar una pelota: "Porque me gusta el beisbol y quiero jugar todo el tiempo".

Afortunadamente, no se mencionaron las declaraciones de Christian sobre haber sido Lou Gehrig en una vida anterior. Rhiannon dio una divertida descripción de cómo Charlotte se agachaba, mientras hacía *Kool-Aid*, esquivando las pelotas, durante la práctica de bateo de Christian dentro de la casa. La cita de Charlotte en el artículo fue: "Siempre lo hace. Incluso cuando comemos". Michael y yo estábamos encantados de haber evitado ese problema.

Capítulo 9

Llévame al partido de beisbol

*Sangro en color azul Dodger y cuando me muera,
me iré con el gran Dodger del cielo.*
TOMMY LASORDA

Ese verano celebramos que terminó el año escolar con la fiesta del séptimo cumpleaños de Charlotte en nuestra piscina comunitaria, y después con una reunión familiar en Lake Tahoe. El viaje fue un acontecimiento de una semana para celebrar los 70 años de mi madre, de su hermana gemela y de su mejor amiga de la secundaria. Es un viaje que hacemos cada cinco años con mi extensa familia, y yo lo espero con ansia porque muchos de mis mejores recuerdos se crearon en ese pintoresco lago en las montañas de Sierra Nevada. Aunque las personas que integramos este grupo éramos originarias del sur de California, poco a poco nos fuimos dispersando por todo Estados Unidos, principalmente cuando mi generación comenzó a tener hijos.

La cita en este lugar sagrado con mis primos y viejos amigos de la familia era como dar un paseo por el pasado. Ver a nuestros niños aprender a esquiar y a rebotar piedras en ese lago cristalino, igual que nosotros en la década de 1970, era completamente surrealista; un pedacito del Cielo en la Tierra. El tiempo que pasamos en este retiro en las montañas también me brindó la oportunidad perfecta para hablar con mis tres primas, que eran como mis hermanas, sobre las declaraciones de Christian de haber sido un jugador de beisbol en otra vida. Les conté que su narración había comenzado exactamente hacía un año, durante el campamento de la iglesia en el bosque, cuando Christian tenía dos años. Fue una sorpresa agradable cuando mi prima Leanne, que tiene un estudio de yoga en Nashville, estuvo dispuesta a admitir la posibilidad de que las historias de Christian no fueran pura fantasía. Añadí rápidamente a Leanne a mi corta lista de confidentes, que también incluía a Michael, a mi mamá, y a Cinthia.

Cuando regresamos a casa de Lake Tahoe, noté un importante cambio en Christian. Los días en que íbamos a los partidos de los Dodgers, él era mucho menos propenso a hablar de sus recuerdos de su vida anterior. Estar inmerso en la acción de los Dodgers parecía que lo traía al presente. En lugar de querer hablar sobre Babe Ruth y Lou Gehrig antes de acostarse, prefería repasar el partido de los Dodgers que acababa de ver y mirar las fotos de los jugadores en la guía de los Dodgers. Esto me llevó

LLÉVAME AL PARTIDO DE BEISBOL

a tomar la decisión de llevar a Charlotte y a Christian varias veces a la semana a ver los partidos de los Dodgers ese verano. El deseo de sacar a Christian del pasado y traerlo al presente fue mi principal motivación detrás de nuestros frecuentes viajes al estadio.

El Dodger Stadium se convirtió en nuestra nueva especie de Disneylandia, con un elenco igualmente colorido de personajes que esperábamos ver en cada partido. El entusiasmo de Michael por hacer el largo recorrido al centro de Los Ángeles para ver los partidos de los Dodgers fue disminuyendo, así que mi amiga Cinthia, con mucho gusto se quedó con su boleto de la temporada. Fue una gran ayuda cuando había que vigilar a Charlotte y a Christian en el Dodger Stadium.

El Dodger Stadium, también conocido como Chavez Ravine debido al lugar estrecho en el que se encuentra construido, es el tercer estadio más antiguo de las Ligas Mayores de Beisbol (MLB por sus siglas en inglés) y el más grande, ya que su capacidad es de 56 000 asientos. En el verano de 2012, la asistencia a los partidos de los Dodgers fue bastante baja, a pesar de los esfuerzos del nuevo grupo de propietarios por levantar el ánimo de los fans que había dejado Frank McCourt, el antiguo dueño de los Dodgers. Esto significaba que podíamos escoger entre un montón de asientos vacíos justo al lado de la caseta de los Dodgers. Aquí es donde conocimos al colorido elenco de personajes que se convirtieron en nuestra familia sustituta.

Nos encontrábamos con Ernest, el vendedor de helados que llevaba 50 años recorriendo los pasillos del Dodger Stadium, y los amables porteros que nos daban la bienvenida con los brazos abiertos a los que ocupábamos los asientos de la primera fila, a pesar de que sabían que los asientos de nuestro pase de temporada estaban mucho más arriba, en la sección donde caen las pelotas. Charlotte y Christian adquirieron un profundo respeto por los eficientes policías que se formaban en los pasillos del estadio y los hacían sentir seguros. También estaba el equipo de tiempo completo de jardineros paisajistas, que se encargaba de que el exuberante césped estuviera perfectamente arreglado antes de cada partido. Eric Hanson, el responsable del jardín, dijo una vez refiriéndose al césped del Dodger Stadium: "Como ves, aquí hay mucha ciencia, pero hay mucho más arte". La combinación de arte y ciencia que describió me pareció muy similar al juego mismo de beisbol. Y luego estaban los fans de los Dodgers; el corazón y el alma de cualquier club de las Grandes Ligas.

Nuestra recién adquirida familia Dodger era muy diversa, y lo único que esas personas tenían en común era el hecho de que sangraban en azul Dodger, una frase acuñada hacía mucho tiempo por el mánager de los Dodgers, Tommy Lasorda. A los 84 años de edad, Tommy Lasorda era un representante honorario de los Dodgers y lo encontrabas en cada partido en casa, mezclándose con los fans y nunca se negaba a firmar un autógrafo o besar a un bebé.

Liderando al equipo en la sección de animadores de los Dodgers estaba el Payaso Hiccups, un chico hispano de 20 años que se vestía de payaso Dodger para cada partido, con pintura en la cara, una gorda nariz azul, grandes zapatos de payaso y una camiseta de los Dodgers. Primero nos acercamos a Hiccups por la atractiva oportunidad de tomarnos fotos con él y por la forma en que hacía reír a la gente. Sin embargo, conforme llegamos a conocer al hombre detrás del disfraz de payaso, nos enamoramos de su gran corazón.

Hiccups era un superhéroe de la vida real; un hombre que tenía la misión de alimentar a los vagabundos y llevar alegría a las habitaciones de los hospitales de niños enfermos de cáncer. Además de su trabajo de tiempo completo en un hospital infantil local, donde se vestía como payaso de los Dodgers durante su hora de comida, visitaba a los niños que estaban recibiendo tratamiento contra el cáncer. Hiccups también reunía a cientos de personas para llevar *pizza* y ropa a personas sin hogar en zonas marginadas del centro de Los Ángeles una vez al mes. En medio de su vida ya de por sí ajetreada, nuestro amigo Hiccups se las arreglaba para sacar tiempo y cuidar a su abuela de 99 años de edad y asistir a casi todos los partidos de los Dodgers en casa.

Nuestra siguiente amistad se formó cuando un agradable y entusiasta fan de los Dodgers, de unos 50 años de edad, notó el amor intenso de Christian por el juego. Este simpático hombre llamado Russell había asistido probablemente a más partidos de beisbol en su vida que la mayoría de los jugadores de beisbol profesional. Russell era tan conocido en el Dodger Stadium por su lema "No hay días malos", como por sus chillonas camisas con estampados hawaianos y sus camisas de beisbol. A veces, cuando no podía distraer a Christian del juego para que me acompañara al puesto de comida o al baño con Charlotte, Russell se quedaba cuidándolo hasta que regresaba.

Nuestra pequeña familia creció cuando conocimos a Don y Merry, una pareja de unos 70 años; eran amantes de la diversión y nunca faltaban a un partido; después conocimos a Rhonda, una amable madre judía de dos hijas universitarias. Rhonda, que recientemente le había ganado la batalla al cáncer, tenía más energía que todos los demás juntos. A cada miembro de nuestro club de fans "no oficial" de los Dodgers le dio un collar que decía "sé positivo", y lo usábamos en cada partido con orgullo. Éramos un grupo de personas tan diferentes que de alguna manera encajábamos a la perfección.

Charlotte y Christian no se cansaban de cantar "Take Me Out to the Ball Game" (Llévame al partido de beisbol) durante el descanso de la séptima entrada o al perseguir las pelotas de playa que inevitablemente rebotaban por las gradas siempre que había un receso de la acción en el campo. Ambos se sabían de memoria la letra del himno nacional y también se sabían los nombres y los números de sus jugadores favoritos de los Dodgers. Christian estaba completamente fascinado con el lanzador zurdo Clayton Kershaw; cuando estaba en el montículo, nada podía distraer la atención de Christian. Después de ver el lanzamiento de Clayton en vivo en el Dodger Stadium, al llegar a casa, nuestro obsesionado hijo corría a la televisión para ver la repetición del juego. Christian estudió con lupa los movimientos característicos de Clayton, ícono del picheo, de 24 años de edad, y los practicó una y otra vez hasta que fue capaz de imitarlos a la perfección.

Pensé que la admiración que Christian sentía por Clayton no podría aumentar, pero me di cuenta de que estaba equivocada cuando lo vi conocer a su mítico héroe en persona, en un evento de reconocimiento a los fans conocido como "El día de la foto en el campo". Es una tradición del Dodger Stadium, que comenzó en la década de 1970, en la que los jugadores se mezclan con los aficionados, en el campo, antes de que comience el partido. Miles de fans se reúnen a lo largo de cercas provisionales, mientras los jugadores recorren la zona cercada para tomarse fotos con ellos. A sus tres años, Christian se emocionó al ver a Clayton caminando por la larga fila de admiradores y deteniéndose a posar para las fotos.

Cuando Clayton llegó por fin delante de donde estábamos parados, Christian estaba tan emocionado que se quedó completamente helado. Tratando de romper el hielo, le di a Clayton la primera plana del periódico *The Malibu Times* con el divertido título que decía: "Cuidado, Clayton Kershaw". Clayton se rio y dijo: "He oído hablar de este chico. Un amigo mío me envió un artículo sobre él". No me equivoqué al pensar que Clayton se refería al artículo que Rhiannon había escrito en el *Ventura County Star*, donde Christian aseguraba que Clayton era su jugador favorito. Clayton posó para una foto antes de continuar su camino a través de la multitud.

Después de que ese día fui testigo del espíritu generoso de Clayton, sentí curiosidad por saber más sobre él. En Internet encontré la fundación sin fines de lucro Kershaw's Challenge, creada por Clayton y su esposa, Ellen, para ayudar a niños huérfanos en las áreas más empobrecidas del sur de África. Además de donar 100 dólares cada vez que Clayton ponchaba a un bateador, esta joven pareja también escribió un libro basado en la fe llamado *Arise: Live Out Your Faith and Dreams on Whatever Field You Find Yourself* (*Levántate: vive tu fe y tus sueños en cualquier campo en el que te encuentres*) y utilizó los ingresos para construir un orfanato en Zambia. Clayton y Ellen Kershaw tenían una obvia pasión por ayudar a los demás, y Clayton parecía ser un modelo a seguir en muchos sentidos.

Cuando leí que los Kershaw estaban organizando un evento estilo texano en el Dodger Stadium para ese verano con el fin de recaudar fondos para el Kershaw's Challenge, me puse en contacto con Ellen Kershaw para ofrecerle mis servicios como voluntaria, pues tenía experiencia en recaudación de fondos y organización de eventos. Mi oferta de ayuda fue bien recibida, ya que Ellen era prácticamente nueva en Los Ángeles y era la primera vez que hacía una recaudación de fondos de esta magnitud. Pedí ayuda a mi amiga Cinthia y durante el mes de julio estuvimos reuniendo a los patrocinadores y recogiendo artículos para subastarlos en el evento.

El evento de caridad de Ellen y Clayton, que se llevó a cabo en una carpa en el estacionamiento del Dodger Stadium, fue un gran éxito. Lo mejor para Christian fue lanzar pelotas de tenis al cácher de los Dodgers, A. J. Ellis, mientras Clayton los miraba. Cuando A. J. fingió que el lanzamiento de Christian le había lastimado la mano, Clayton dijo: "¡Qué divertido!" y chocó su mano con Christian. Fue debido a la petición de Clayton Kershaw a los ejecutivos de mercadotecnia de los Dodgers de que Christian lanzara la primera bola en un partido, lo que finalmente selló el acuerdo. Gracias a la intervención de Clayton, por primera vez en la historia se concedió la oportunidad a un niño de lanzar una primera bola. En unas cuantas semanas, Christian haría su gran debut en el montículo del Dodger Stadium.

Capítulo 10

El lanzamiento

Toda pelota de beisbol es hermosa.
Ningún otro objeto pequeño se acerca tanto al ideal de diseño y utilidad.
Es el objeto perfecto para la mano de una persona.
La recoges y de inmediato te sugiere su propósito:
ser lanzada a una distancia considerable, con velocidad y precisión.
ROGER ANGELL

El año escolar comenzó con un diente que se le cayó a Charlotte en el primer día de primaria, y con el lanzamiento de Christian de la primera bola en el Dodger Stadium, el primer día de preescolar. Cuando llegó ese día, Christian no podría haber estado más emocionado o mejor preparado para su gran momento en el montículo. Día y noche practicó su imitación de los movimientos de Clayton. Charlotte y Christian se fueron dormidos durante todo el camino hacia el Dodger Stadium, mientras Michael y yo hicimos todo lo posible por no pensar en las cosas que podrían salir mal en las próximas horas. En medio de nuestra preocupación, nos llamaron nues-

tros amigos y familiares que iban en camino a reunirse
con nosotros en el partido de los Dodgers. Cuando llegamos, un agradable empleado nos saludó en la oficina
principal; después nos acompañó para pasar los controles
de seguridad y nos llevó al campo, donde los Dodgers
estaban practicando bateo.

Muchas veces habíamos presenciado desde las gradas
ese ritual previo al partido, pero esta era la primera vez
que Christian lo experimentaba desde el otro lado de la
cerca. El ambiente se llenó de música mientras los jugadores se turnaban para batear desde la caja de bateo en el
plato. Los jugadores de las Grandes Ligas estaban bateando jonrones a las gradas mientras Christian estaba detrás
del plato, bateando bolas de espuma con su diminuto bate
de madera. Se emocionó cuando uno de sus jugadores
favoritos, Andre Ethier, se acercó para darle la mano. El
jardinero de los Dodgers causó una impresión aún mayor
en Christian cuando se quitó la venda de la mano para
enseñarle las ampollas que le impedían practicar su bateo.

Unos días antes, Charlotte le había regalado a Christian una pelota gigante de beisbol por su cuarto cumpleaños, que se la había llevado al campo para que se la
firmaran sus héroes de los Dodgers. La expresión de su
cara no tenía precio cuando el mánager de los Dodgers,
Don Mattingly, se agachó para firmar la pelota y tomarse
una foto con él. El entrenador Mattingly y Christian se
hicieron amigos en ese momento en el campo. No sabía

que Don Mattingly había estado durante toda su carrera en el beisbol de las Grandes Ligas, la cual duró de 1982 a 1995, como primera base zurdo con los Yankees de Nueva York, igual que Lou Gehrig.

Se notaba una intensa emoción mientras la constante llegada de personas iba llenando las gradas. La afluencia previa al partido fue mayor de lo normal, pues los primeros 30 000 fans en entrar al estadio recibirían una camiseta de Matt Kemp, el regalo promocional de la noche. Los minutos que quedaban hasta que comenzara el partido disminuían continuamente y se acercaba la hora de que nuestro pequeño pícher calentara su brazo. Yo era el cácher de Christian mientras la leyenda de los Dodgers, Maury Wills, estaba detrás de él y le daba indicaciones. Entre lanzamiento y lanzamiento levanté la vista hacia las gradas y vi a mi exjefe, Magic Johnson, sentado al lado de Tommy Lasorda, cerca de la caseta de los Dodgers. Eso me dio la señal de que el partido estaba a punto de comenzar.

Mis nervios estaban a todo lo que daban cuando el comentarista pidió al público que se pusiera de pie para cantar el himno nacional. "The Star-Spangled Banner" resonaba por todo el estadio y yo no podía creer que estuviera a punto de suceder el momento que tanto habíamos esperado. Cuando la música se detuvo, en la enorme pantalla apareció Christian sonriendo y saludando mientras el locutor decía:

Damas y caballeros, para lanzar la primera bola de esta noche tenemos a Christian Haupt, de solo tres años de edad. Adam Sandler lo descubrió en YouTube y le dio un papel jugando beisbol en *Ese es mi hijo*. Es zurdo y su jugador favorito es Clayton Kershaw. Christian vive en Westlake Village y es titular de boletos de temporada de los Dodgers. Hoy fue su primer día en preescolar. ¡Aficionados, por favor, denle la bienvenida a Christian Haupt!

Esa fue la señal para que Christian subiera al montículo. Mientras se alejaba de la cámara, la enorme pantalla mostraba a Clayton Kershaw, calentando en el *bullpen* de los Dodgers, con el mismo uniforme blanco de los Dodgers que Christian llevaba puesto. Nuestro hijo estaba peculiarmente cómodo ante la mirada de los 30 000 aficionados presentes. Seguro de sí mismo, tomó su lugar en el montículo y sonrió mientras se inclinaba hacia delante y ponía la pelota detrás de su espalda. Pretendiendo ignorar la señal del cácher, Christian sacudió lentamente la cabeza hacia arriba y hacia abajo, de lado a lado, y de nuevo de arriba a abajo. Estiró los brazos por encima de su cabeza, como hacía su héroe Clayton Kershaw, y lanzó la pelota con todas sus fuerzas. El rugido de la multitud me dejó sin aliento, mientras el cácher de los Dodgers, Tim Federowicz, levantaba la pelota y corría hacia el montículo para tomarse una foto con Christian.

Entonces me pregunté si con toda la emoción, Christian se habría dado cuenta de que el presentador se había equivocado al decir que tenía tres años, sin saber que unos días antes había celebrado su cuarto cumpleaños. Cuando salíamos del campo para ir a nuestros lugares, Christian se bajó por las escaleras del *dugout* de los Dodgers y Don Mattingly chocó el puño con él. En cuanto regresamos con nuestros amigos y familia a las gradas, escuchamos la inconfundible voz de Vin Scully, locutor y miembro del Salón de la Fama de los Dodgers. Nunca me había emocionado tanto al oírle decir las palabras: "¡Es hora de jugar beisbol!".

A la mañana siguiente recibí infinidad de mensajes de voz y de texto de amigos que habían visto la foto del primer lanzamiento de Christian en Internet. La foto de *Associated Press* (AP) de la primera bola de Christian, tomada por Mark J. Terrill, apareció en las fotos de FOX Sports del día y, para las diez de la mañana, ya tenía más de 50 000 "Me gusta" en la página de Facebook de las Grandes Ligas. El video del lanzamiento de Christian que subimos a YouTube se volvió viral de inmediato, pero por fortuna nuestro hijo estaba completamente ajeno a toda la atención que estaba recibiendo en línea. El artículo de FOX Sports, escrito por Joe McDonnell, describió muy bien el momento.

Tres años de edad, estrella de cine, pícher prodigio
LOS ÁNGELES — En la calurosa noche del 4 de septiembre de 2012, Christian Haupt se paró en el montí-

culo del Dodger Stadium con su uniforme blanco de los Dodgers, listo para lanzar la primera bola.

El zurdo —que emula el estilo de Clayton Kershaw— se subió a la goma, miró al receptor Tim Federowicz, asintió con la cabeza a la señal y lanzó. La multitud se volvió loca, aunque la pelota rebotó cerca del plato. Federowicz salió corriendo hacia el montículo y chocó su mano con la de Christian, mientras la ovación del público se hacía aún más fuerte.

A estas alturas, quizá estés preguntándote por qué miles de aficionados se emocionarían por un lanzamiento rebotado, especialmente en medio de una apretada carrera de los *playoffs*. Supongo que deberías haber estado allí.

Christian Haupt tiene solo tres años. Y no es un error tipográfico. De verdad tiene tres años. Y con el movimiento perfecto —por lo menos para un prodigio— lanzó la pelota más fuerte, más recta y más larga que la mayoría de los hombres, mujeres o niños que se han elegido para lanzar la primera bola durante una temporada en el Chavez Ravine.

Capítulo 11

Un tesoro nacional

Los cimientos de la vida son el amor y el respeto.
TOMMY LASORDA

Mientras esperaba que los Dodgers regresaran de las vacaciones de invierno de cinco meses, Christian veía una y otra vez las grabaciones de los partidos de los Dodgers de la temporada anterior. Todavía insistía en usar su uniforme completo y en jugar beisbol durante varias horas todos los días, pero en algún momento dejó de pedirnos que lo llamáramos Beisbol Konrad. Una noche antes de acostarse, Christian comentó algo que me hizo pensar que mi plan para que dejara de hablar de su vida como jugador de beisbol durante los primeros años de 1900 estaba funcionando. Exclamó: "Ya no quiero ser un viejo. Quiero ser un tipo nuevo, como Matt Kemp (el jardinero de los Dodgers)". Estaba muy contenta de escucharlo hablar así porque sentí que estábamos dando un paso hacia la dirección correcta.

Fuera de la temporada regular, Christian pasaba tantas horas mirando las fotos de los jugadores en la guía de los Dodgers, que incluso se aprendió de memoria los nombres y los números de cada jugador de la liga menor de beisbol. Cuando me enteré de que los Dodgers estaban organizando un *FanFest* de pretemporada en el estacionamiento del Dodger Stadium, pensé en aprovechar la oportunidad de reunir a Christian con sus héroes. Al parecer, los 20 000 aficionados que asistirían al evento estaban tan emocionados como Christian por el regreso de los Dodgers. Tenía una gran sonrisa en el rostro mientras caminábamos por la alfombra azul hacia el fantástico *FanFest*. En cuanto pasamos por la entrada, de inmediato nos integramos a un enorme mar de gente vestida de azul y blanco. Después de probar cada juego de beisbol interactivo, Christian se cansó de esperar en las largas colas y preguntó si podíamos irnos del *FanFest* para batear pelotas en el estacionamiento. La idea de estar en un lugar vacío, lejos de la muchedumbre, sonaba muy atractiva, así que acepté encantada.

Encontramos un espacio abierto, fuera del *FanFest*, donde podía batear sin preocuparme de que las pelotas de espuma golpearan coches estacionados o a las personas que pasaban. Cada vez que Christian bateaba una pelota al aire con su diminuto palo de madera, hacía su habitual recorrido de victoria alrededor de las bases imaginarias. Cuando estaba en modo beisbol, no había manera de detenerlo. La seriedad en su comportamiento hacía que pareciera que había venido a trabajar, no a jugar. Repetimos este ejercicio durante casi una hora, antes de que una cara familiar apareciera detrás de la cerca, desde el interior del *FanFest*. Me sorprendió cuando el mánager de los Dodgers, Tommy Lasorda, le preguntó a Christian: "¿Cómo te llamas, hijo?". Sin interrumpir su juego, Christian respondió: "Me llamo Christian".

—Y te encanta el beisbol, ¿verdad? —dijo Tommy.

Christian bateó una pelota al aire con su bate y gritó: "¡Sip!", mientras corría hacia primera base.

Tommy le pidió a su asistente que le trajera una *pizza* y se instaló en una mesa cerca de la valla para poder seguir viendo la animada exhibición de Christian en el estacionamiento vacío. Cuando Tommy terminó de comer, se salió de la valla para darle instrucciones de bateo. Este apacible hombre de 85 años de edad, con un evidente amor por los niños, no se parecía en nada al ícono de la cultura pop que se volvió famoso por gritarle a los ampáyeres durante sus 21 años de carrera como entrenador de los Dodgers, de 1976 a 1996. Tommy Lasorda resultó ser justo lo contrario a la imagen que tuve de él durante mucho tiempo, antes de conocerlo en persona.

Hacía unos cuantos años, Michael y yo habíamos asistido a un homenaje a Sparky Anderson, en la Universidad Luterana de California, donde Tommy Lasorda enamoró a la multitud con su interesante discurso. Terminaba cada historia con una frase tan ingeniosa que no podíamos parar de reírnos. Todavía no estoy tan segura de que Tommy estuviera bromeando cuando dijo que quería que pusieran el calendario de los Dodgers en su tumba, para que la gente pudiera comprobar si los Dodgers estaban jugando en casa o como visitantes, cuando fueran al cementerio a ver a sus seres queridos.

Mi historia favorita de esa noche fue cuando Tommy nos contó que su equipo iba perdiendo y que había tratado de animarlo diciéndole que el mejor equipo de la historia del beisbol, los Yankees de 1927, había perdido nueve partidos consecutivos, y los Dodgers solo llevaban siete. Tommy continuó diciendo que los Dodgers ganaron diez juegos seguidos después de ese discurso. Cuando la esposa de Tommy le preguntó si los Yankees de 1927 de verdad habían perdido nueve partidos consecutivos, él respondió: "¿Y cómo demonios voy a saberlo? Yo nací ese año. Pero seguro que a los chicos les sonó bien". Me encanta esta historia porque no solo muestra el sentido del humor de Tommy, sino que también ilustra su creencia de que el éxito no viene necesariamente de ser el mejor, sino de creer que eres el mejor.

Y en un estacionamiento vacío, el exmánager de los Dodgers estaba concentrado, entrenando a un niño de cuatro años, mientras miles de seguidores de los Dodgers pasaban por el otro lado de la valla. Cuando Christian golpeaba las pelotas, Tommy le gritaba: "¡Muy bien!" y "¡Toma!, ¡esa de seguro llega a Florida!".

Esperaba que Christian recordara este momento cuando tuviera edad suficiente para darse cuenta de que había sido algo especial. Antes de despedirnos, Tommy le dio la mano a Christian y dijo con autoridad: "Dame un firme apretón de manos, hijo. Siempre hay que ver a las personas a los ojos cuando les damos la mano. Y una sonrisa también logra mucho". Tommy firmó una pelota de beisbol con la siguiente inscripción: "Para Christian, un futuro Dodger". Un poco más tarde, un empleado de los Dodgers me dijo que Tommy solía firmar esa inscripción a los niños; la pelota fue aún más especial. Fue la manera creativa de Tommy Lasorda para inculcar la creencia de que todo es posible con trabajo arduo y determinación.

Cuando le di a Tommy mi tarjeta de presentación, nunca me imaginé que unos días más tarde recibiría una llamada suya. Estaba ayudando a Charlotte a practicar softbol cuando llegó el mensaje de voz de Tommy: "Cathy, soy Tommy Lasorda. Me gustaría hablar con usted de… Me gustaría grabar a su hijo abanicando el bate. Es increíble, es fantástico que un niño tan pequeño mueva el bate como él, y me gustaría tenerlo grabado. ¿Está usted de acuerdo?".

Le devolví la llamada de inmediato y Tommy invitó a Christian a que asistiera, a la semana siguiente, al entrenamiento de primavera de los Dodgers, en Arizona.

Unos días después, preparamos todo y comenzamos el viaje de seis horas en coche hasta Phoenix, Arizona. Había oído hablar del entrenamiento de primavera, pero no tenía ni idea, hasta que llegamos, de lo que haríamos. Esa serie de juegos y prácticas de exhibición, de un mes de duración, es un ritual que comenzó en la década de 1890 en Hot Springs, Arkansas, en donde los jugadores se congregan para desempolvarse y prepararse para la próxima temporada de 162 partidos. Los aficionados del beisbol de todo el país se reúnen en las instalaciones de entrenamiento de primavera en Arizona y Florida, durante el mes de marzo, para ver a los 30 equipos de Ligas Mayores de Beisbol enfrentarse en una competencia amistosa. Cuando llamé a Tommy Lasorda para decirle que estábamos en la ciudad, me dijo que lo íbamos a pasar muy bien. Tommy llevaba más de 60 años participando en esta tradición anual.

Tommy pidió que lo alcanzáramos la mañana siguiente en las instalaciones de entrenamiento de los Dodgers de Camelback Ranch, en Glendale, Arizona. Cuando llegamos al complejo de beisbol, no fue difícil localizar a Tommy por la larga cola de personas que esperaban su autógrafo. Estaba sentado en una mesa con su asistente y firmaba autógrafo tras autógrafo para los fans, mientras sonaba la música de Frank Sinatra en su viejo reproductor de casetes portátil. Cuando nos vio entre la multitud, nos hizo una seña para que nos acercáramos. Tommy pasó cariñosamente un brazo por el hombro de Christian y le preguntó: "¿Estás listo para jugar hoy?". Christian asintió con la cabeza y dijo que sí en voz baja, pero se veía tan nervioso hablando con Tommy que me acordé de la última vez que se sentó en las piernas de Santa. Tommy le dijo: "Regresa en media hora y nos iremos a jugar con los Dodgers". Una gran sonrisa iluminó el rostro de Christian. Ahora Tommy estaba hablando su idioma.

Christian y yo nos fuimos a un área cubierta de pasto para cachar la pelota, mientras esperábamos que Tommy terminara la sesión de firma de autógrafos. Antes de lo que pensamos, Tommy se apareció en su carrito de golf y nos pidió que subiéramos. Tommy como piloto y Christian como copiloto parecían gemelos. Tommy estaba vestido con su uniforme blanco de los Dodgers desde la cabeza hasta los pies, para el primer día de entrenamientos de primavera, y Christian también traía su uniforme blanco oficial del equipo. Nos dirigimos, por la puerta de seguridad, hasta el campo donde los jugadores de los Dodgers estaban calentando para la práctica de bateo.

Tommy esperó hasta que obtuvo la atención completa de los jugadores de los Dodgers y luego le dijo al camarógrafo del equipo que grabara a Christian bateando pelotas de espuma con su pequeño bate de madera. Christian bateó una pelota al aire.

"Qué buen batazo", dijo Tommy, y luego le afirmó a Christian: "Eso fue un jonrón". Después de unos buenos golpes de bate, Tommy le comentó a Christian: "Muy bien, ahora déjame verte lanzar". Christian le contestó con la frase que usaba cada vez que era el momento de dejar de batear: "Bueno, otra y ya".

Cuando Christian finalmente soltó el bate y se puso el guante, el camarógrafo lo grabó lanzando y atrapando pelotas elevadas mientras Tommy observaba con atención. Le dijo a un pícher de los Dodgers que estaba cerca: "El niño es muy bueno". Christian se divirtió como nunca, jugando beisbol en compañía de sus héroes de los Dodgers, quienes parecían estar encantados de que Tommy Lasorda los hiciera mirar a un niño de cuatro años jugando beisbol en pleno campo de entrenamiento de primavera.

A la mañana siguiente, cuando nos presentamos en la mesa de firmas de autógrafos de Tommy, este le dio a Christian la plática motivacional de vida. Tommy rodeó a Christian con el brazo.

—¿Recuerdas todo el trabajo que hiciste ayer? —preguntó Tommy y Christian asintió—: ¿Quieres jugar con los Dodgers algún día?

Cuando Christian respondió que sí, Tommy le comentó suavemente: "Claro que podrías hacerlo porque sabes pegarle a la pelota y sabes cachar la pelota y sabes correr. Pero, ¿lo deseas con pasión? Eso es lo que realmente importa. ¿De verdad lo deseas?".

Christian escuchaba con atención y tenía una expresión muy seria en su rostro cuando asintió con la cabeza.

—No siempre el hombre más rápido es el que gana la carrera o el hombre más fuerte es el que triunfa en el combate —prosiguió Tommy—. Es el que lo desea más que el otro. Si de verdad deseas jugar en los Dodgers y estás dispuesto a esforzarte, puedes hacerlo muchacho... puedes hacerlo.

Entonces, de repente, Christian le dijo a Tommy: "Tú jugabas con los Yankees".

—Sí, hijo, estuve con la organización de los Yankees durante un año.

Me sorprendí cuando Tommy confirmó que había jugado en los Yankees. No era algo que Christian pudiera haber sabido y yo ni siquiera lo imaginaba. Más tarde descubrí que el breve periodo de trabajo de Tommy con los Yankees, como pícher zurdo, ni siquiera estaba incluido en su biografía de Wikipedia.

Este giro en la conversación me dio la oportunidad perfecta para insinuar sobre las historias de Christian de ser un jugador de béisbol en los años 20 y 30. Sentía curiosidad por ver lo que Tommy diría al respecto. Así que comenté, como quien no quiere la cosa:

—Christian es un gran fan de Lou Gehrig. ¿Has visto jugar a Lou Gehrig?

Tommy se inclinó y le comentó a Christian.

—Ah, elegiste a uno bueno —dijo con voz suave—, uno de los mejores. Era mi héroe cuando era niño.

Christian escuchó atentamente.

—Era un hombre bueno, el hombre más trabajador del beisbol.

Y ahí entré yo.

—Desde que tenía tres años, Christian ha estado diciéndonos que antes era Lou Gehrig —le expliqué a Tommy—. Nos ha dicho cosas que no podía haber sabido en ese momento, como: "Me quedaba en hoteles casi todas las noches" y "viajaba en tren".

Tommy sonrió y dijo: "El chico tiene una gran imaginación".

No fue exactamente la respuesta que esperaba, pero no tuve el valor de explicar más. Todavía no estaba segura de qué pensar respecto a la vida pasada de Christian, pero había llegado a la conclusión de que no era necesario comprender por completo algunas cosas de la vida para apreciarlas.

Tommy puso la mano sobre el hombro de Christian.

—Cuando tenía quince años, solía soñar que era pícher en el Yankee Stadium. Bill Dickey era mi cácher y Lou Gehrig era mi primera base. Y unos años más tarde, en mi vida real, me llamaron para ser pícher ante Yogi Berra. Ahí estaba yo, calentando en el *bullpen* del Yankee Stadium. Dije que había estado ahí muchas veces, pero en mis sueños.

Tommy dio una palmadita a Christian en la espalda y agregó: "Nunca dejes de soñar, hijo".

Christian, de dos años, con su uniforme de beisbol preferido.

Adam Sandler y Christian, de dos años, en el set de *Ese es mi hijo*, en agosto de 2011.

Retrato familiar con primos, en la primavera de 2011. *(Karenhalbert photography)*

Grabación de la escena de beisbol para la película
Ese es mi hijo, en Cape Cod, Massachusetts.

Cathy, Michael, Charlotte y Christian
en Hawái, otoño de 2011.

Lou Gehrig (izquierda) y Joe McCarthy (derecha). (*National Baseball Hall of Fame Library, Cooperstown, New York*).

Christina (izquierda) y Henry Gehrig (derecha). (*National Baseball Hall of Fame Library, Cooperstown, New York*).

Foto de equipo de los Yankees, 1927, Lou Gehrig en la fila trasera, a la izquierda. (*National Baseball Hall of Fame Library, Cooperstown, New York*).

Christian en el Dodger
Stadium, primavera de
2012.

Christian, de tres años, calentando para
su primer lanzamiento en la Universidad
Pepperdine, en mayo de 2012.
(Ed. Lobenhofer)

Christian (izquierda) con el jardinero
de los Dodgers Andre Ethier (derecha)
en el Dodger Stadium, Día de la
fotografía en el campo, 2012.

Charlotte en el Dodger
Stadium en agosto de 2012.

Christian en la práctica de bateo de los Dodgers, previo al primer lanzamiento, el 4 de septiembre de 2012. *(Ed Lobenhofer)*

Christian realiza su primer lanzamiento en el Dodger Stadium, el 4 de septiembre de 2012. *(AP Photo/Mark J. Terrill)*

6

Primer lanzamiento de Christian en el Dodger
Stadium. *(Foto de Jon SooHoo/Los Angeles Dodgers, LLC)*

Christian imita al pícher
de los Dodgers, Clayton
Kershaw.
(Ed Lobenhofer)

Christian (derecha) con el exmanager de los
Dodgers y exprimera base de los Yankees
Don Mattingly (izquierda). *(Ed Lobenhofer)*

El director del Salón de la Fama Nacional del Beisbol Tommy Lasorda (izquierda) y Christian (derecha) en el entrenamiento de los Dodgers en primavera de 2013.

Bola autografiada por Tommy Lasorda: "Para Christian, un futuro Dodger".

Tommy Lasorda da indicaciones a Christian, de 4 años, en el entrenamiento de los Dodgers, en Glendale, Arizona.

Christian durmiendo
con las bolas
que recogió en el
entrenamiento
de los Dodgers.

Cantidad semanal de
pantalones de beisbol
sucios de Christian.

Cathy (izquierda) y Christian, de 4 años, en el Dodger
Stadium Club, en 2013. *(Charlotte Haupt)*

Christian (izquierda) y Charlotte
(derecha) en el Dodger Stadium.

Christian (izquierda) conoce al
legendario comentarista de los
Dodgers Vin Scully (derecha).

Cathy, Christian, Michael, Charlotte y las mascotas de la familia, en
2013. *(Peter Lars © Cornerstone)*

Jim Tucker de la Escuela de Medicina de la Universidad de Virginia
(izquierda) entrevistando a Christian (derecha) de cinco años, sobre sus
recuerdos de vidas anteriores mientras juegan beisbol, en abril 2014.

Christian grabando el programa previo al partido de las estrellas de FOX Sports,
en junio 2014.

Cathy usando los guantes blancos obligatorios para manipular los documentos en el Giamatti Research Center del Salón de la Fama Nacional del Beisbol, en julio de 2014.

Lou Gehrig.
*(National Baseball Hall of Fame Library,
Cooperstown, New York)*

Christian (izquierda) y Charlotte (derecha) visitando la antigua casa de Lou Gehrig en Meadow Lane 9, en New Rochelle, Nueva York.

12

Lou Gehrig y su
madre, Christina
Gehrig.

Cathy (izquierda) y
Christian (derecha) en
la antigua casa de Lou
Gehrig. *(Charlotte Haupt)*

Christian visita la tumba de Lou Gehrig, en Nueva York.

Christina "Mamá" Gehrig (centro) con Ellsworth Hawkins (izquierda) y
Ralph P. Clarkson (derecha) en el homenaje en Lou Gehrig Little League,
en Milford Connecticut, en 1952. *(Cortesía of Ken Hawkins)*

Christian de seis años en el campo en el Dodger Stadium con el primera base de los
Dodgers, Adrián González.
(Foto de Jon SooHoo/Los Angeles Dodgers, LLC)

14

Día inaugural de la Liga Infantil, en 2015. Cathy (tercera fila, centro) y Christian (primera fila, segundo de izquierda a derecha). *(Ultimate Exposures)*

Christian, de seis años, lanzando en el montículo en la Liga Infantil.

Tommy Lasorda (izquierda) y Christian (derecha) en el día inaugural de la Liga Infantil, en 2015.

De derecha a izquierda: Christian, reverendo Ken Steigler, Cathy, Charlotte y Marilyn Steigler (sentada) en New Hampshire. *(Lori Dickman)*

Cathy (izquierda) y Christian (derecha) con la foto de Lou Gehrig en Tampa Bay, Florida, en julio de 2016.

Christian en el campamento de beisbol de Cooperstown, en julio de 2015.

Christian, de ocho años, sobre el montículo del pícher,
en septiembre de 2016.
(Fotografía de Michael Coons)

Capítulo 12

Solo lo sé

Veo cosas grandiosas en el beisbol.
Es nuestro juego, el juego estadunidense.
Hace que nuestra gente salga a la calle, la llena de oxígeno,
le da mayor fortaleza. Tiende a evitar que seamos seres nerviosos
y dispépticos. Repara las pérdidas y es una bendición para nosotros.
WALT WHITMAN

La siguiente vez que nuestro camino se cruzó con el de Tommy Lasorda fue un mes después, cuando decidí tomarme el día libre y dejé que Charlotte y Christian no fueran a la escuela para asistir al día inaugural en el Dodger Stadium. A las diez de la mañana pasé por Cinthia con la intención de que no nos tocara el tráfico que inevitablemente se forma por las 56 000 personas que pretenden entrar al estadio, antes del lanzamiento inicial, a la una de la tarde. Nos abrimos camino a través de la multitud y llegamos a nuestros lugares justo a tiempo para las festividades previas al partido. El ambiente se llenó de patriotismo cuando unos jets sobrevolaron el estadio y cientos de militares uniformados desplegaron en el campo una ondeante bandera estadunidense.

Después del himno nacional, Magic Johnson salió de la caseta; el público rugía mientras caminaba hacia el montículo con una pelota en la mano. Justo cuando Magic empezaba a realizar los movimientos para lanzar la primera bola, fue interrumpido. El mánager de los Dodgers, Don Mattingly, salió corriendo al campo con uno de los mejores pícheres de todos los tiempos para tomar el lugar de Magic. Los aficionados se volvieron locos cuando el legendario lanzador zurdo, Sandy Koufax, lanzó un *strike* perfecto.

Entonces comenzó el partido y Christian se alegró cuando vio a Clayton Kershaw subirse al montículo. Ese día, Clayton conectó el primer jonrón de su carrera y entró a los libros de los récords del beisbol al convertirse en uno de los dos únicos jugadores de la historia en lanzar un partido completo, sin que el contrario anotara, y conectar un jonrón en el primer partido de la temporada. La muchedumbre celebró la victoria 4-0 del equipo local sobre sus rivales, los Gigantes, mientras la icónica canción de los años 80 de Randy Newman "I love L. A.", se escuchaba por todo el estadio. Estaba tan inmersa en el entusiasmo del partido que era difícil imaginar mi vida antes del beisbol.

Después del partido, nos encontramos con Tommy Lasorda en el Dodger Stadium Dugout Club. Ahí fue cuando nos dieron la noticia de que la foto premiada del primer lanzamiento de Christian, tomada por el fotógrafo de la AP, Mark J. Terrill, ahora estaba colgada en el exclusivo Owner's Suite, en el Dodger Stadium. Un ejecutivo de Magic Johnson Enterprises, que también estuvo en el Dugout Club después del partido, nos dijo que ese día había estado en Owner's Suite, cuando Sandy Koufax vio la foto enmarcada de Christian que estaba colgada en la pared. Dijo que a Sandy le había gustado tanto la foto que los dueños de los Dodgers se ofrecieron a enviarle una a su casa. Antes de irse a su coche, Tommy nos dio a Christian, a Charlotte, a Cinthia y a mí uno de sus legendarios abrazos Lasorda.

Más tarde nos enteramos de que la foto del primer lanzamiento de Christian también estaba colgada en el Dodger Stadium Club y en el vestíbulo de la sede de la sociedad de inversión Guggenheim Partners, en Chicago. La foto del primer lanzamiento de Christian había sido seleccionada como la mejor foto del año en 2012 por *The Atlantic Magazine*, ESPN y FOX Sports, pero nunca imaginamos que apareciera en las paredes del Dodger Stadium o en el hogar de Sandy Koufax. Christian era un suertudo de cuatro años de edad.

Michael y yo estábamos completamente agotados por las súplicas implacables de Christian para que jugáramos beisbol con él todos los días, así que decidimos inscribirlo en dos ligas diferentes para que jugara todo lo que quisiera, cosa que le pareció maravillosa. Entre el calendario de *softbol* de Charlotte y el calendario de beisbol de Christian, estábamos en un campo de pelota casi todos los días de la semana. El ansia de Christian por jugar beisbol era como el de un *border collie* queriendo atrapar la pelota: nunca era suficiente. Después de jugar beisbol fuera, durante horas, jugaba dentro de la casa, lanzando pelotas de tenis contra las paredes y bateando pelotas de espuma desde el barandal del segundo piso hasta que llegaba la hora de irse a la cama.

Para capturar esta época especial, Michael y yo creamos un videomontaje de las muchas maneras creativas que Christian había ideado para jugar beisbol dentro de los confines de nuestra casa, y lo subimos a YouTube. Para nuestra sorpresa, el video se convirtió en un éxito instantáneo y acumuló miles de visitas. Afortunadamente, los desperfectos ocasionados por la práctica de beisbol de Christian se limitaron a pequeños agujeros en la pared de yeso que se repararon sin problema, grietas en los vidrios de los marcos de fotos y numerosos vasos rotos que se cruzaron en la trayectoria de la pelota. Aprendimos a dejar de usar nuestras copas valiosas después de que un lanzamiento de Christian rompiera la copa de cristal favorita de Michael. Sin inmutarse demasiado, Christian dijo: "Papi, no puedes encariñarte con una copa de vino. Agarra una nueva".

Los campos donde Christian jugaba beisbol eran los mismos en los que jugué *softbol* cuando era niña, en los años setenta. Aunque nunca tuve ningún deseo consciente de ser una mamá de beisbol, la alegría de estar en las gradas excedió por mucho mis expectativas más locas. Mi iniciación en la hermandad de las mamás de beisbol ocurrió un año antes, cuando Christian estaba golpeando pelotas con su diminuto bate de madera en el aeropuerto de Honolulu, mientras esperábamos para abordar.

Una amable mujer se me acercó y dijo: "Recuerdo esos días. Cuando mi hijo tenía dos años se llevaba los calcetines enrollados de la ropa recién lavada y los aventaba contra la pared para practicar su lanzamiento. Ahora es primera base de los Mets de Nueva York". Sacó con orgullo la tarjeta de las Grandes Ligas de Beisbol de su hijo Ike Davis y dijo: "¡Disfruta de cada momento! No hay mejor lugar para forjar el carácter que un campo de beisbol de la liga infantil".

En ese momento no me imaginé que este pasatiempo estadunidense por excelencia sería una bendición en nuestras vidas. Había algo en los ratos que pasaba en los campos de beisbol de la liga infantil que aliviaba las preocupaciones cotidianas y hacía que pareciera que todo en el mundo estaba bien. El compromiso de la liga infantil, escrito en 1954, resume los principios del corazón del beisbol de la liga infantil: "Confío en Dios. Amo a mi país y respetaré sus leyes. Jugaré limpio y me esforzaré por ganar. Pero gane o pierda, siempre haré mi mejor esfuerzo".

Después de la temporada regular, invitaron a Christian a jugar en un equipo de beisbol de viaje formado por chicos de cinco y seis años con un amor similar por el juego. La mayoría de nuestros fines de semana transcurrían en torneos de beisbol en los que estos niños dejaban sus corazones y almas al participar hasta en cinco juegos durante dos días. Nuestra costumbre de asistir a la iglesia los domingos por la mañana se volvió cada vez más esporádica cuando el beisbol se adueñó de nuestras vidas. Mis mañanas del fin de semana ahora comenzaban con el ritual de meter al coche todo lo necesario para nuestros largos y calurosos días bajo el sol. Mientras los chicos jugaban hasta tres partidos de beisbol al día, Charlotte y los demás hermanos se entretenían haciendo pulseras en las gradas.

El mundo del beisbol de viaje unió a familias de todas las edades, razas, religiones y orígenes socioeconómicos. Desarrollamos una innegable sensación de amistad gracias al tiempo que pasábamos juntos en las gradas. Las barreras que podrían haber existido entre nosotros en contextos más formales no existían aquí, y se forjaron amistades duraderas dentro y fuera del campo.

Michael se volvió famoso en el equipo de beisbol de viaje, en el juego de práctica de padres contra hijos. Primero, porque no tenía idea de cómo cachar pelotas con un guante de beisbol y segundo, porque no se daba cuenta de que se suponía que debía soltar el bate después de golpear la pelota. Cuando le marcaron *out* por correr hasta la segunda base con un bate en la mano, discutió con su acento alemán: "¿Y yo cómo iba a saberlo?". Los niños y los padres estallaron en una carcajada incontrolable cuando fue obvio que Michael no estaba bromeando. Después de este embarazoso momento, no tardó en comprarse un guante de beisbol y Christian le enseñó a usarlo. Yo estaba encantada de ser relevada de algunos de mis deberes de beisbol cuando Michael supo cómo usar nuestra nueva máquina de lanzar y comenzó a jugar beisbol con Christian en el patio delantero. También pasó innumerables horas golpeando pelotas de tenis con una raqueta para que Christian practicara cómo atrapar pelotas elevadas, ya que eso era lo que más le gustaba.

A la mitad de la temporada, el ritual de Christian de antes de acostarse, de hablar sobre su vida como Lou Gehrig, se reanudó sin advertencia alguna. Sin embargo, esta vez expresó sus sentimientos sobre Lou Gehrig y Babe Ruth con una perspectiva sorprendentemente madura. Lo que Christian mostró a través de reacciones emocionales básicas hacia Babe Ruth cuando tenía dos años, ahora lo expresó con una comprensión más profunda del contexto emocional. Una noche antes de irse a la cama, Christian dijo en voz baja: "Babe Ruth era una persona muy celosa". Cuando le pregunté por qué había sido así, respondió de inmediato: "Porque no estaba relacionado con la mamá de Lou Gehrig". En ese momento, no le encontré el sentido a lo que dijo, pero me inspiró a reanudar mis averiguaciones nocturnas sobre la vida de Lou Gehrig.

Mi investigación reveló que Babe Ruth y Lou Gehrig, que habían sido los mejores amigos desde 1925, juraron no volver a hablarse nunca después de una pelea entre la madre de Lou y Babe, en 1932. Antes de mencionar que Babe Ruth estaba celoso, Christian no tenía manera de saber que la disputa entre Lou Gehrig y Babe Ruth se había originado a partir de un desacuerdo entre Babe Ruth y la madre de Lou, Christina Gehrig. Leí que Christina se había convertido en una madre sustituta para Babe Ruth, quien había crecido en un orfanatorio y no tenía mamá. Se dijo que Babe hablaba en alemán con la madre de Lou y le encantaba su cocina alemana. En 1927, Babe Ruth se había convertido en un invitado habitual en la casa de los Gehrig, donde Lou seguía viviendo con sus padres.

Después de que Babe volvió a casarse, en 1929, comenzó a dejar a su hija de once años de un matrimonio anterior a cargo de Christina Gehrig, mientras él viajaba con su esposa Claire. Cuando a la madre de Lou se le ocurrió decirles a Babe y Claire que sentía que estaban descuidando a su hija, dio por terminada la relación entre Babe Ruth y la familia Gehrig. Leí un artículo que

aseguraba que Babe envió a su compañero de equipo
de los Yankees, Sammy Byrd, a entregarle el siguiente
mensaje a Lou: "No vuelvas a hablarme fuera del campo
de beisbol". Como dice la leyenda, ambos hombres nunca volvieron a hablarse desde ese día. El hecho de que
Christian fuera capaz de explicar el contexto emocional
de la pelea entre Babe Ruth y Lou Gehrig, sin haber
estado expuesto a esta información, me dejó más que
impresionada.

Christian miró una fotografía donde Babe Ruth y
Lou Gehrig aparecían juntos.

—Aunque Lou Gehrig y Babe Ruth jugaban y se
tomaban fotos juntos —me dijo—, no se hablaban.

Era una declaración que estaba en los libros de historia del beisbol, pero Christian todavía no sabía leer y no
había ninguna explicación razonable de cómo se había
enterado. Cuando le pregunté cómo lo sabía, me respondió: "Solo lo sé".

Christian siguió dando nuevos detalles sobre la vida
de Lou Gehrig con asombrosa precisión, pero ahora hablaba sobre él en tercera persona, y ya no primera persona. Por ejemplo, antes solía decir cosas como: "Me quedaba en hoteles y viajaba en tren", ahora decía: "Lou se
quedaba en hoteles y viajaba en tren".

Durante mi investigación, me encontré una entrevista
de radio de 1939, en la que Lou Gehrig se refirió al joven
Ted Williams, de Minnesota, como una futura promesa de

las Grandes Ligas. Se trataba del mismo Ted Williams de la foto que Christian me insistió que le comprara en Fenway Park cuando tenía dos años. El destino quiso que Ted Williams hiciera su debut en las Ligas Mayores contra los Yankees el 20 de abril de 1939. Ese fue el único partido en el que Lou Gehrig y Ted Williams se enfrentaron porque, poco después, Lou anunció que se retiraba del beisbol.

Ese verano hice un descubrimiento todavía más extraño; me di cuenta de la notable semejanza entre los movimientos de bateo entre Christian y Lou Gehrig. Cuando le enseñé a Michael un video de YouTube sobre el primer torneo de beisbol de Christian y lo comparamos con videos de Lou Gehrig jugando beisbol, estuvo de acuerdo en que la similitud era innegable. Christian y Lou se paraban al plato con el codo delantero totalmente extendido, en lugar de doblarlo ligeramente, como hacía la mayoría de los bateadores. También observamos una similitud en la peculiar forma en que tanto Christian y Lou Gehrig se barrían para llegar las bases, con un brazo en el aire y el otro arrastrando a sus espaldas.

Viendo en YouTube el video del primer torneo de Christian, nos dimos cuenta de que Christian se quitaba el casco de bateo justo después de anotar una carrera y lo agitaba en el aire de forma similar a la costumbre de Lou Gehrig de agitar su casco ante la multitud después de conectar un jonrón. Los demás niños que aparecían en el video se quitaban los cascos después de entrar al *dugout*. Aunque Lou Gehrig había sido pícher principal en la Universidad de Columbia, en YouTube no encontramos ninguna grabación de Lou como pícher, por lo que no pudimos comparar su técnica de lanzamiento.

Para el quinto cumpleaños de Christian, en agosto de 2013, hice todo lo necesario para que participara en el primer lanzamiento ceremonial de un partido de los Reno Aces, de la liga infantil, mientras estábamos de visita con unos amigos en Lake Tahoe. No había nada que Christian disfrutara más que relacionarse con los "grandes" jugadores de beisbol. A pesar de que tenía mucha tos debido a que hicimos fogatas en el parque nacional de Tahoe, Christian se dirigió al montículo de lanzador y lo dio todo. Después del primer lanzamiento, prácticamente tuvimos que arrastrarlo para separarlo de su nuevo amigo, el mánager de los Reno Aces, Brett Butler, quien también resultó ser un ex-Dodger y zurdo. Los Aces ganaban por tres carreras casi al final de la tercera entrada cuando Michael y yo notamos que la respiración de Christian era cada vez más pesada. La combinación de la elevada altitud y el humo de las fogatas era más de lo que sus frágiles pulmones podían soportar.

Mi buena amiga Mela, que vivía cerca, se ofreció a llevar a Michael y Charlotte al Circus-Circus Hotel y Casino para una muy merecida distracción, mientras yo llevaba a Christian a la sala de emergencias del Centro

Médico Regional de Saint Mary. Ver a nuestro hijo jadear para respirar y que el corazón prácticamente se le saliera del pecho y le latiera tan rápido como el corazón de un colibrí, era algo a lo que me había acostumbrado durante los últimos cinco años. Sin embargo, cada vez que pasaba, sentía que el corazón se me detenía. Christian me agarró con miedo en sus ojos mientras el doctor le inyectaba esteroides para aliviar sus dificultades respiratorias. Cuando finalmente lo estabilizaron y salimos de la sala de emergencias, juré que haría todo lo posible para evitar que esto volviera a pasar.

Al día siguiente recordé el libro de Carol Bowman, *Children's Past Lives*, y el correo electrónico que me había enviado. En el correo, Carol sugirió que la enfermedad respiratoria de Christian podría estar relacionada con la trágica muerte de Lou Gehrig por ELA. Me preocupé al descubrir que la causa más común de muerte entre las personas que padecen ELA es el fallo respiratorio. Recordé que el Dr. Ian Stevenson, de la Facultad de Medicina de la Universidad de Virginia, tenía una teoría similar.

La investigación del Dr. Stevenson reveló que la mayoría de los casos de niños que recuerdan vidas pasadas implica una muerte prematura por causas no naturales en la vida anterior. Carol Bowman llevó más allá los datos científicos al sugerir que la aparición espontánea de los recuerdos de la vida pasada, en la infancia, podría ser la forma en que el alma resuelve sus "asuntos pendientes" de la vida anterior. Ella creía que el simple hecho de admitir los recuerdos de vidas pasadas de los niños podría proporcionar sanación y cierre. A pesar de que la idea de una dolencia física causada por una muerte trágica en una vida anterior me pareció completamente irracional, estaba dispuesta a considerar cualquier cosa que pudiera ayudar a que nuestro hijo sanara. Ya había probado todos los tratamientos convencionales para el asma de Christian bajo la supervisión de los mejores neumólogos pediatras del sur de California.

La combinación del ataque de asma de Christian y el resurgimiento de sus recuerdos de vidas pasadas había desatado la tormenta perfecta. Me inspiró a pedir la opinión especializada del Dr. Jim Tucker, el actual Director de la División de Estudios Perceptuales de la Escuela de Medicina, de la Universidad de Virginia, fundada por el Dr. Ian Stevenson, en 1967. Me alegró mucho que el Dr. Tucker se ofreciera a viajar a California para conocer a nuestra familia.

Capítulo 13

El doctor viene a vernos

Polvo eres y en polvo te convertirás,
no se refería al alma.
HENRY WADSWORTH LONGFELLOW

Apenas hace dos años que mi yo escéptico se habría horrorizado por la sola mención de "reencarnación" o "parasicología", pero hoy brinqué de la cama esperando con ansia la llegada del investigador líder en el campo. Tal vez hoy sería el día en que Michael y yo por fin obtendríamos respuestas a las preguntas que habían estado acosándonos durante los últimos dos años y medio.

Jim B. Tucker, doctor en Medicina, profesor asociado de Psiquiatría y Ciencias Neuroconductuales de la Facultad de Medicina de la Universidad de Virginia, era nuestra mayor esperanza para obtener una explicación razonable ante lo que estaba pasando con nuestro hijo. Todavía nos estábamos recuperando del trauma causado por nuestro pastor al insinuar que Christian estaba poseído por el espíritu de un muerto. Mi consulta inicial con el Dr. Tucker, unos meses antes, había sido más bien una súplica para que nos ayudara a entender los peculiares comportamientos de nuestro hijo de cinco años.

Cuando el libro del Dr. Tucker, *Return to Life: Extraordinary Cases of Children Who Remember Past Lives* (*Regreso a la vida: casos extraordinarios de niños que recuerdan vidas anteriores*), salió a la venta en 2013; lo devoré de principio a fin en dos días. Es un relato sencillo y analítico de varios casos que el Dr. Tucker investigó personalmente, utilizando la estricta metodología científica instituida por su predecesor, el Dr. Stevenson. El objetivo del Dr. Tucker en cada caso era determinar lo que el niño había dicho, cómo habían reaccionado los padres, si las declaraciones del niño coincidían con la vida de una persona fallecida en particular y si el niño podía haber adquirido la información por medios normales, como libros, películas o conversaciones que hubiera escuchado por casualidad.

Leer sobre otros niños estadunidenses con padres como nosotros, que no creían en la reencarnación antes de sus propias experiencias personales, fue lo que me inspiró para enviar un correo electrónico al Dr. Tucker, en el que describí las extrañas declaraciones y comportamientos de Christian. El hecho de que las familias que el Dr. Tucker incluyera en su libro tuvieran la opción de cambiar sus nombres para proteger su identidad alivió nuestra preocupación para que el Dr. Tucker viniera a la casa para entrevistar a Christian. Lo último que queríamos era destruir la vida de nuestro hijo porque otros niños en el patio de recreo o en los campos de beisbol supieran nuestro secreto familiar.

Jim nos dijo que su visita no debía demorar porque Christian se acercaba a la edad en la que los recuerdos y los comportamientos asociados comienzan a desaparecer en la mayoría de los niños que recuerdan vidas anteriores. Estaba un poco preocupada porque ya habíamos pasado el periodo al que se refería el Dr. Tucker, pues hacía poco, antes de quedarse dormido, Christian había dicho: "Es difícil acordarme de cuando era un jugador de beisbol alto porque Dios me dio un nuevo cerebro". Las imágenes vivas que había compartido con nosotros estaban volviéndose cada vez más borrosas en su mente, de una manera que, me imagino, trataba de captar los detalles de un sueño que se iba perdiendo en el olvido.

El Dr. Tucker, que prefiere que le llamen Jim, llegó a la casa el miércoles 2 de abril de 2014, a las nueve de la mañana, según lo acordado. La noche anterior había llegado a Los Ángeles y regresaría a Virginia después de nuestra reunión. Christian corrió a la puerta principal, pero esperó a que yo abriera. Su vacilación se debió, en parte, a que estaba puesta la cerradura que habíamos colocado en la parte superior de la puerta, y que todavía no alcanzaba, pero principalmente a que estaba nervioso por conocer al Dr. Tucker; en circunstancias normales, habría agarrado una silla del comedor para abrir la puerta. Al presentarnos con el Dr. Tucker, nos saludó un hombre de voz suave, con una sonrisa generosa y un sutil acento sureño, que le quedó de su infancia en Carolina del Norte, donde creció como baptista.

Cuando Michael regresó de dejar a Charlotte en la escuela, le dio la mano a Jim y se disculpó por su improvisada oficina en nuestro comedor. A pesar de que él sentía tanta curiosidad como yo por la evaluación del Dr. Tucker a nuestro hijo, a Michael le gustaba pretender que este "asunto de la vida anterior" era cosa mía, no suya. Tras bambalinas, tanto a Michael como a mí nos reconfortaba el hecho de que Jim proviniera de una creencia religiosa similar a la nuestra. De una manera extraña, nos hizo sentir menos culpables sobre contemplar la idea de que nuestro hijo había vivido antes.

Jim trajo una hoja escrita a mano con las afirmaciones de Christian, que había copiado de nuestro intercambio de correos electrónicos previo a su visita. Tenía una manera muy metódica, científica y amable; era una especie de míster Rogers. Después de las presentaciones, Jim sugirió que jugáramos beisbol en frente de la casa para que Christian se sintiera cómodo. Jim lanzó una pelota elevada y, poco después, los tres estábamos jugando beisbol en medio de la calle. Christian apenas notó que Jim estaba entrevistándolo, mientras yo corría de una base a otra e intentaban poncharme.

—¿Qué preparaba de comer tu madre cuando eras un jugador de béisbol alto? —preguntó Jim.

—Ella lo sabe —dijo Christian señalándome–, porque ella era mi mamá cuando yo era Lou Gehrig.

Fue un poco extraño porque yo no le había contado al Dr. Tucker que Christian decía que yo fui su madre en su vida anterior, pero no pareció sorprenderle la observación. Era una plática que habría resultado extraña para cualquiera, excepto para Jim, que era muy versado en el tema.

Como era de esperarse, Christian se mostró un poco tímido al hablar con un extraño acerca de su vida anterior, como Lou Gehrig. Cada vez que Christian había hablado de ser un jugador de beisbol alto en una vida anterior, lo había hecho justo antes de dormirse en la noche o justo después de despertar. Me imaginé que las probabilidades de descubrir cualquier información nueva, en este momento, serían reducidas. El Dr. Tucker me había dicho que nunca esperaba averiguar información nueva durante una entrevista, puesto que los recuerdos espontáneos de una vida anterior no pueden forzarse en el momento. También me había dicho que muchos de los niños en los casos que estudiaron Ian Stevenson y él, hablaron sobre sus recuerdos de la vida anterior cuando estaban somnolientos. A pesar de que Christian estaba lejos estar adormilado, Jim continuó haciéndole preguntas después de que trasladamos el campo de beisbol a la sala de estar. Luego vino una pregunta que me pareció desconcertante.

—¿Recuerdas cómo moriste? —preguntó Jim a Christian.

Nunca le había preguntado a Christian sobre la muerte, así que este era un tema nuevo para mí. La respuesta de Christian me impactó aún más que la misma pregunta de Jim.

—Mi cuerpo dejó de servir y no sentí nada.

—¿Y qué pasó después? —preguntó Jim.

Christian lanzó una pelota de tenis contra la pared de arriba de la escalera, se lanzó hacia el suelo para atraparla y respondió: "Después de morir, me volví Christian".

Christian lanzó otra pelota, se tiró hacia un lado para recuperarla, y dijo de repente: "La escogí para ser mi mamá y luego se puso vieja".

—¿Cuándo la elegiste? —preguntó Jim con tranquilidad.

—Cuando ella nació.

—¿Recuerdas dónde estabas cuando la escogiste?

Sin dudarlo, Christian respondió: "en el Cielo".

Estaba tratando de mantener la calma durante todo el tiempo de la entrevista, sin embargo ahora yo también tenía una pregunta.

—¿Qué pasó entre el momento en que me escogiste para que fuera tu madre y el momento en que naciste y yo era "vieja"?

Se encogió de hombros y dijo: "No lo sé. No me acuerdo".

Justo cuando estaba empezando a pensar que Christian estaba inventándolo, Jim me sorprendió diciendo: "Los recuerdos que los niños relatan del tiempo entre vidas suelen ser incompletos, pero muchos niños de los casos que hemos estudiado recuerdan haber elegido a sus padres". Jim continuó diciendo que la respuesta de Christian de que estaba "en el Cielo" era congruente con los informes de otros niños que afirmaron haber elegido a sus padres antes de nacer. Esta inesperada revelación me dio una nueva perspectiva sobre la vida y la muerte. Era la primera vez que consideraba la posibilidad de que decidimos nacer e incluso que estábamos involucrados en la selección de nuestros padres.

Mientras Christian continuaba con su rutina de beisbol en el interior de la casa, Jim y yo nos excusamos para discutir los conceptos más esotéricos de su libro, como la física cuántica y el papel del alma en la conciencia humana.

—Piensa en el cuerpo humano como si fuera una radio —explicó el Dr. Tucker. Dio una palmada simulando una explosión y añadió—: si rompes la radio, se pierde la capacidad de transmitir música. Sin embargo, eso no significa que las ondas de radio hayan desaparecido. Solo que no hay nada que las reciba.

—¡Ajá! ¿Así que cuando un cuerpo se muere, el alma sigue existiendo en una forma que no podemos ver?

Jim asintió con la cabeza: "¡Precisamente!".

Le dije a Jim que estaba particularmente intrigada por un caso que describe en su libro, *Return to Life*, de un niño que tenía recuerdos específicos de que había sido el legendario jugador de golf Bobby Jones en una vida anterior. Ese estudio de caso me llegó porque este prodigio del golf de siete años de edad le dijo a sus padres, cuando tenía tres años, que había sido Bobby Jones cuando era "grande". El chico sorprendió a sus padres todavía más cuando dio datos históricamente precisos sobre la vida de Bobby Jones, a los que nunca había estado expuesto, igual que las revelaciones de Christian sobre la vida de Lou Gehrig. Este niño también mostró un dominio del golf que estaba muy por encima de su edad; cuando tenía siete años ganó 41 de 50 torneos de golf junior en los que participaron niños mucho mayores que él. La otra extraña semejanza fue el hecho de que Lou Gehrig y Bobby Jones, nacidos en 1903 y 1902 respectivamente, habían padecido condiciones de salud delicadas, que provocaron sus muertes prematuras.

Por leer el libro del Dr. Tucker supe que, para sus propósitos de investigación, la División de Estudios de Percepción de la Universidad de Virginia, no suele considerar casos de niños que supuestamente fueron personas famosas, porque hay mayor probabilidad de que el niño obtuviera la información por medio de libros, películas o que la hubiera escuchado en alguna conversación. El Dr.

Tucker dijo que la combinación de los recuerdos que reportó este joven jugador de golf junto con su prodigioso talento para el golf fue lo que hizo que aceptara el caso como recuerdo válido de la vida anterior, a pesar de que Bobby Jones era una persona famosa.

Michael y yo no considerábamos que Christian fuera un prodigio en el sentido tradicional de la palabra, pero aparentemente vino al mundo con un tipo de "recuerdo". En su teoría de la reminiscencia, Platón afirmó que "el conocimiento fácilmente adquirido es lo que el ser perdurable tuvo en una vida anterior, de modo que vuelve con facilidad". Le dije al Dr. Tucker que encontré una teoría de Edgar Cayce, el renombrado místico cristiano, sobre que muchos niños prodigio, con un talento que no es acorde a su edad, nacen con un recuerdo consciente de la habilidad que se desarrolló en una vida anterior. Le dije que había leído que Cayce lo encontraba particularmente cierto en los casos en que un niño nacía en una familia en la que no había afinidad por el talento expresado, como George Frideric Handel, que mostró un talento musical temprano y se convirtió en un hábil músico, a pesar de que sus padres le habían prohibido estrictamente que tocara cualquier instrumento musical. Jim me dijo que su mentor, el Dr. Ian Stevenson, encontró muchos niños en sus estudios que mostraban destrezas que parecían provenir de una vida anterior. Yo no estaba totalmente lista para atribuir las habilidades tempranas de Christian a una vida pasada, pero comenzaba a parecer una explicación plausible.

Mientras el Dr. Tucker guardaba sus cosas en su portafolio, aproveché el momento para hablarle sobre el ángel Lailah, del Talmud babilónico, y de que extinguía los recuerdos del alma antes del nacimiento presionando sobre el labio del niño y diciendo "shhh".

—Me gusta pensar que el ángel Lailah no presionó con fuerza suficiente en los labios de algunos niños —le dije a Jim—, así que llegaron a esta vida con recuerdos del alma de una vida anterior.

Entonces Jim compartió la historia del río Ameles, de la *República* de Platón. El Dr. Tucker dijo que muchos griegos antiguos creían que las almas debían beber del río Ameles antes de ser reencarnadas para que no recordaran sus vidas pasadas.

—Esta amnesia tiene un propósito, pues permite que el individuo se embarque en la nueva vida, libre de ecos del pasado —dijo.

Pregunté a Jim si tenía alguna teoría sobre por qué la mayoría de los niños que recuerdan vidas pasadas lo hacen de individuos que murieron a una edad temprana.

"La muerte prematura en una vida anterior aumenta la posibilidad de que un niño venga al mundo con recuerdos de su vida anterior". Entre los más de 2500 casos documentados de la Universidad de Virginia de niños que recuerdan vidas pasadas, la edad promedio de muerte en la vida anterior es de 28 años. El Dr. Tucker añadió: "Las terminaciones de las vidas pasadas tienden a ser como sueños que acaban de manera prematura".

Después mencionó que la mejor analogía para describir lo que sucede con estos niños es imaginar que los despiertan de forma abrupta de un sueño y luego vuelven a dormirse rápidamente para continuar el mismo sueño en la siguiente vida. El Dr. Tucker cree que las conexiones emocionales o problemas emocionales no resueltos pueden afectar donde el individuo vuelve en el sueño, o en la próxima vida.

"Es muy común que un niño regrese a la misma familia si hay fuertes conexiones emocionales o no resueltas con miembros de la familia de la vida anterior", explicó. "En los casos de una misma familia, parece que los niños vuelven al mismo sueño para continuar la historia con su misma familia, pero en un papel diferente".

El elemento más prometedor del libro del Dr. Tucker, *Return to Life*, fue que en todos los casos llegó el momento en que cesaron los recuerdos de la vida anterior del niño. Cuando le mencioné el tema a Jim, me dijo: "Solemos ver que los comportamientos asociados se desvanecen aproximadamente cuando el niño alcanza los seis o siete años de edad; ocho, a más tardar".

Sus palabras me dieron una esperanza a la cual aferrarme. Ansiaba que llegara el día en que Christian me dijera las palabras que un niño del libro de Jim le había dicho a su madre: "Mamá, solo quiero ser yo, no el viejo yo". Christian había mostrado cierto progreso en ese sentido al decir que quería ser un "tipo nuevo, como Matt Kemp", pero aún no había llegado el momento.

Antes de partir, Jim aceptó firmar mi copia de su libro, y la dedicatoria decía: Cathy, gracias por compartir la historia de Christian conmigo.

Le di las gracias a Jim por haber venido a nuestra casa y Michael interrumpió el trabajo en su computadora para despedirse. Después de darle un abrazo de agradecimiento a Jim y de decirle a Christian que hiciera lo mismo, le dije:

—Tu enfoque científico al tema de la reencarnación me parece reconfortante porque no se siente poco ortodoxo ni tipo Nueva Era, como las regresiones sobre las que he leído en las que hipnotizan a la gente para tener acceso a los recuerdos de sus vidas pasadas.

Jim me sorprendió cuando comentó: "La mayoría de las veces, parece que la regresión hipnótica produce fantasía, pero hay pocos casos en los que la gente despierta con una información precisa del pasado, lo que es muy difícil de explicar".

Oír este pedacito de optimismo sobre las regresiones por parte de alguien a quien consideraba una persona sumamente inteligente y racional, me hizo preguntarme: *¿Debo intentar una regresión?* Mi mente seguía impresionada por la nueva revelación de Christian de que él me había elegido para ser su madre cuando nací, y por la confirmación de Jim de que muchos niños que recuerdan vidas anteriores, también recuerdan haber escogido a sus padres. Una vieja amiga, llamada Tracy, me había insistido en que hiciéramos una regresión desde que le hablé de que Christian insistía en que yo fui su madre cuando era Lou Gehrig, pero nunca había pensado seriamente en hacerlo hasta este momento.

Esa noche, cuando estaba acostando a Christian, le pregunté de broma: "¿La gente puede elegir si quiere volver como una persona o un animal?".

Con una gran sonrisa respondió: "¡Claro que no, mami! Dios lo decide. Pero sí puedes escoger a tus papás".

El siguiente comentario de Christian me hizo pensar. Dijo con firmeza: "Pero no es una situación hablada, porque no se usan palabras".

Capítulo 14

Te encontraré

No te sientas abatido por las despedidas.
Decir adiós es necesario para volverse a encontrar.
Y volver a encontrarse, después de ciertos momentos o vidas,
es seguro para quienes son amigos.
RICHARD BACH

Las palabras del Dr. Tucker acerca de que los niños aseguraban haber elegido a sus padres antes de nacer se me quedaron en la mente y me animaron a llamar a mi amiga Tracy para pedirle consejo. Tracy era a quien acudía para cuestiones esotéricas. Ella y su esposo Jeff eran de mis confidentes preferidos cuando se trataba de hablar del tema de los recuerdos de la vida pasada de Christian. Éramos amigas desde hacía quince años, durante los cuales Tracy se dedicaba, en su tiempo libre, a practicar yoga, meditar y hacer joyería con cuentas, mientras yo estaba ocupada corriendo maratones, trabajando horas extras y haciendo malabares con nuestros compromisos sociales. El hecho de que fuéramos polos opuestos creó una fuerza de atracción que fortaleció nuestra amistad a lo largo de los años. Yo siempre procuraba mantener mi mente y mi cuerpo en constante movimiento, como si darme un momento para descansar me llevara a una especie de muerte, cuando Tracy siempre buscaba paz y tranquilidad. Ella confiaba en la intuición, mientras yo necesitaba hechos concretos. Tracy también tenía el título de ser la única persona en mi vida que sabía lo que significaba una regresión. No solo sabía qué era, sino que había experimentado una.

Cuando le llamé para decirle que estaba abriéndome a la idea de experimentar una regresión, se quedó más que sorprendida. En nuestras conversaciones previas siempre le había dejado muy claro que consideraba que la regresión hipnótica era el equivalente a ir con un adivino o un psíquico, cosas que no estaban de acuerdo con la Biblia. No solo estaba en conflicto directo con mis creencias cristianas, sino que me parecía algo completamente absurdo. Cuando Tracy me sugirió la idea de ir a ver a su amigo Jeroen, mi escepticismo superó mi curiosidad. No fue sino hasta que escuché a Christian decir que me había escogido para que fuera su madre, que en realidad consideré la sugerencia de Tracy de ponerme en contacto con Jeroen.

Al percibir que estaba lista para dar el paso, Tracy me dijo: "Si decides hacer una regresión, deberías hacerlo con Jeroen. Es buena persona y confío en él". Después de intercambiar varios correos de voz con Jeroen, me familiaricé con su acento holandés y saqué una cita para el siguiente miércoles, a las 10:30 de la mañana.

El día empezó como cualquier otro miércoles: despertar a las 5 de la mañana para hacer ejercicio en mi bici fija durante 60 minutos, revisar los correos electrónicos, bañarme rápido, preparar el *lunch*, dar de desayunar a mis hijos, que se bañaran y salir de la casa a las 8:15, seguido de 45 minutos de voluntariado en la clase de kínder de Christian. Sin decirle a Michael adónde me dirigía, o lo que estaba tramando, me embarqué en un viaje hacia un barrio cerca del centro de Los Ángeles para conocer al hombre conocido en Instagram como "Jeroen Is Love" ("Jeroen es amor"). Pensé que sería mejor contarle a Michael de mi pequeña aventura después de saber exactamente en qué estaba metiéndome.

Decir que estaba nerviosa cuando toqué el timbre del terapeuta de regresión de vidas pasadas Jeroen de Wit se quedaría corto. A pesar de haber omitido mi café de la mañana, como se recomienda en la lista de cuatro páginas de las directrices previas a la sesión, mi corazón estaba latiendo más rápido de lo normal. Debido a que las directrices indicaban que la sesión podría tardar hasta cinco horas y requeriría un tiempo de recuperación, no tenía ninguna cita ese día, solo un juego de los Dodgers con mi familia en la tarde. Las palabras exactas del documento eran: *Te sentirás como si acabaras de volver de un viaje asombroso, habiendo visitado otros tiempos de vida, y lo mejor es que te des un tiempo antes de volver a tu realidad cotidiana y consciente, antes de intentar cualquier tarea mental compleja o actividad física extenuante.* A pesar de que no lo creía del todo, le seguí la corriente.

Después de tocar la puerta, me recibió un hombre de modales suaves, con una amplia sonrisa, profundos hoyuelos y ojos azules que parecían iluminarse desde dentro. Jeroen vivía en el piso más alto de una casa, construida en una colina, y dirigía su negocio de energía de sanación desde el primer piso. Me invitó a entrar a la habitación de abajo, que estaba escasamente decorada con un par de sillas y una gran mesa de masaje; esa mesa en la que posiblemente iba a entregar mi conciencia. En ese momento pensé que mejor hubiera programado un masaje. No tenía ni idea de que estaba a punto de embarcarme en el viaje hipnótico más fascinante.

Miré alrededor de la habitación buscando más información sobre el hombre que estaba a punto de ponerme en trance usando la Terapia de Hipnosis de Sanación Cuántica (QHHT por sus siglas en inglés) de Dolores Cannon. Impresionantes fotografías de la naturaleza, tomadas por Jeroen, adornaban las paredes y la habitación, la cual transmitía la misma calidez que su dueño. Jeroen me invitó a sentarme y tomó a su gato blanco y negro como señal para subir por las escaleras.

—Normalmente no hago este tipo de cosas... —fueron las primeras palabras que salieron de mi boca, como si estuviera confesando un pecado. Él escuchó con paciencia mientras me enfrascaba en una larga disertación sobre la razón de mi visita y mi deseo de entender el viaje de Christian.

Luego me explicó: "Es importante que tengas la mente abierta y dejes a un lado las expectativas que tienes sobre la vida que te gustaría visitar. Es imposible predecir qué vida escogerá tu mente subconsciente para explorar". Nuestra conversación previa a la sesión se convirtió en más que una sesión de terapia cuando revelé que todo lo que había pasado con Christian y su conexión con Lou Gehrig me había hecho cuestionar los principios de la fe con la que crecí. La ligereza de su ser suavizó los apretados tornillos que sujetaban mi resistencia y al final de la plática, me sentía segura de que estaba en buenas manos.

Jeroen terminó la consulta previa a la sesión diciendo: "No te preocupes por intentar recordar lo que veas, escuches o digas porque te voy a dar una grabación de audio de nuestra sesión". Encendió un pequeño racimo de salvia y pasó la humeante hierba por toda la habitación y luego alrededor de mí. Aunque no sabía cuál era el propósito exacto de ese ritual, pensé que no me iba a doler. Seguí la recomendación de Jeroen, de que fuera al baño, porque me dijo que quizá estaría durante algunas horas en un estado de trance hipnótico. Luego me subí con cuidado a la mesa de masaje y cerré los ojos.

Después de la inducción hipnótica, Jeroen preguntó con suavidad: "¿Dónde estás?".

Las imágenes empezaron a entrar lentamente a mi mente. Lo que empezó como una vista aérea de un ajetreado barrio suburbano con árboles, fue acercándose hasta que me encontré de pie frente a una estufa de hierro en la cocina de lo que describí como mi departamento "no de lujo".

—¿Qué se siente? —preguntó Jeroen.

—Tengo la sensación de ser madre. Me siento atraída a la cocina.

Entonces me indicó que observara mi mano, y me reí cuando la describí como "blanca y rechoncha".

Acostada sobre la mesa con los ojos cerrados tuve la sensación de que estaba en otro cuerpo; era un cuerpo pesado. Describí la sensación de "peso en mi cara, peso en mi estómago, en mis brazos". Al mismo tiempo, mi mente racional estaba totalmente coherente y cuestionaba la validez de las palabras que salían de mi boca. Casi se sentía como si fuera dos personas al mismo tiempo: la persona en el cuerpo pesado que estaba describiendo y un observador escéptico. Aún más extraño era que hablaba con una voz que apenas reconocía como mía; usaba palabras y construcciones que sonaban totalmente diferentes a mi forma de hablar habitual. Cuando Jeroen me indicó que observara mis pies, pasé la vista por mi largo vestido y mi delantal y vi claramente que estaba usando unas botas grandes y pesadas, que dije que eran "para trabajar".

—¿Alguien más vive contigo en la casa? —preguntó Jeroen.

—Dos hombres: un niño y un hombre —los describí sentados a la mesa y añadí—: el hombre parece que no se involucra. Solo está haciendo sus cosas.

—¿Qué sientes sobre el chico?

Sentí una corriente de felicidad, mi cara apenas era capaz de contener mi enorme sonrisa.

—El chico, lo amo.

Le dije lo que veía en mi mente: el chico traía botas, calcetines altos, un sombrero y pantalones hasta las rodillas. Después añadí: "Es guapo. Quizá tenga nueve años o menos".

—¿Cómo te llama el muchacho?

Riéndome, le respondí: "Mamá".

Entonces preguntó cómo se dirigía a mí el hombre, y me reí más cuando dije: "¡Mamá!". En ese momento, mi mente lógica hablaba desde el fondo y me decía que no había manera de que un hombre llamara "Mamá" a su esposa. Sin embargo, a pesar de mis dudas, me invadieron más sensaciones y un conocimiento casi visceral de esta "otra" vida. (Contra todo pronóstico, justo un año después de esta sesión con Jeroen, me encontré el artículo de un periódico de 1933 en el que citaron al padre de Lou refiriéndose a su esposa como "Mamá").

Le comenté a Jeroen que mi marido estaba en casa casi todo el tiempo y que solía fumar pipa sentado en la gran silla negra de la sala junto a "un viejo horno". Cuando Jeroen preguntó una segunda vez por mi hijo pequeño, me llené de orgullo al decirle: "Es un buen chico".

—Cuando estás abrazándolo, ¿qué le dices?

Murmuré: "¿*Meine Liebe*? Como si fuera alemán… le gusta divertirse y jugar y se esfuerza". El interrogatorio de Jeroen ubicó nuestra casa en un suburbio fuera de Nueva York, no cerca del agua, donde viajábamos en tranvía para llegar a la ciudad. Bromeé sobre el hecho de que usaba una gran cantidad de ropa, incluso en los días que hacía mucho calor, porque quería cubrir mi pesado cuerpo.

Jeroen dijo: "Vayámonos a otra escena. Cuando cuente tres serás transportada a la siguiente escena importante en esta vida, la que sea que te parezca importante. Uno, dos, tres… ¿Qué está pasando ahora?".

En un instante fui transportada a un gran estacionamiento con pasto, frente a un parque de beisbol. Me preguntó cómo íbamos vestidos y le dije que elegantes. Me describí con un largo vestido de flores, zapatos cerrados y un sombrero blanco con ala ancha, y le comenté que mi esposo llevaba saco y sombrero para la ocasión.

—¿Qué me dices de tu esposo? ¿Cómo le llamas?

Al no entender la pregunta, le respondí con una carcajada: "Como que todo el tiempo se viste igual. Solo se pone pantalones y una camisa y un cinturón".

Jeroen volvió a preguntar: "¿Cómo te diriges a él? ¿Cómo llamas su atención?".

—Heinrich —le respondí.

Luego preguntó qué idioma hablábamos en casa y le dije: "Alemán, en *deutsch*".

—¿Dónde está tu hijo? —preguntó Jeroen.

—Va a jugar en el partido, así que vamos a verlo. Aunque es nuevo.

Le dije que estaba emocionada por él, pues siempre había querido jugar beisbol, a pesar de que yo hubiera preferido que terminara la escuela. Jeroen y yo nos reímos cuando le mencioné: "La gente del beisbol vino, y se lo llevó". Le expliqué que habían ido a su universidad y lo habían visto jugar. Luego le dije, "¡Lo eligieron!". Cuando Jeroen me preguntó si estaba familiarizada con el beisbol, le respondí que mi hijo y sus amigos jugaban beisbol con palos de madera cuando eran niños.

Cada vez que Jeroen hacía una pregunta, yo veía imágenes vívidas en 3-D de lo que estaba sucediendo a mi alrededor; una realidad virtual de alta definición. Me preguntó si teníamos asientos especiales, y le dije: "Un poco, no muy cerca". Luego, le expliqué: "Él está en primera base, así que cuando me siento de ese lado, puedo ver muy bien".

—¿Y en qué equipo juega?

—Con los Yankees de Nueva York —le respondí—; tienen los pantalones cortos, de los que llegan hasta la rodilla.

Cuando Jeroen me preguntó cómo eran los uniformes, le dije que mi hijo traía un jersey blanco con rayas, con el número cuatro, mientras que el otro equipo llevaba *jerseys* rojos con pantalones grises y cortos. Ahí fue cuando mi mente lógica entró en marcha. *¿Estaba solo repitiendo la información que había encontrado en mi investigación sobre Lou Gehrig, describiendo imágenes que ya había visto?* A fin de cuentas, gracias a mis horas y horas de investigación sabía que Lou Gehrig usaba el número cuatro y jugaba como primera base para los Yankees. Pero entonces me sorprendí cuando de repente empecé a describir y experimentar las cosas de un modo que nunca hubiera podido saber.

—¿Comen algo mientras están viendo el partido? —preguntó Jeroen.

—Sí, nos comemos unas nueces. Ellos preparan las nueces. Son muy ricas.

Preguntó si nos llevaban las nueces a nuestros asientos, y yo respondí que tuvimos que ir por ellas.

—¿Están bebiendo algo?

—Tal vez una cola —le contesté.

Que usara la palabra cola fue un gran *shock* para mí, incluso bajo hipnosis, porque no es una palabra que hubiera usado antes. Me quedé completamente estupefacta cuando mi investigación posterior reveló que en la entrada principal del Yankee Stadium vendían castañas tostadas y todas las bebidas carbonatadas de color oscuro eran descritas como "colas" en ese tiempo.

Cuando me preguntó qué aspecto tenía el marcador, en mi mente apareció una visión clara de él. Dije que era un panel grande y negro a la distancia, con "números que tienen que cambiar… lo hace una persona. No es eléctrico". Jeroen me hizo avanzar rápidamente hasta el final del partido y oí el rugido de la multitud que celebraba la victoria. Yo estaba radiante de orgullo cuando le dije: "Bateó la pelota del otro lado de la cerca". Y añadí: "Es un caballero. Es sencillo".

—¿Hablas con la gente que dirige el equipo o tienes contacto con ella? —preguntó Jeroen.

—No mucho. Algunos jugadores vienen de visita a veces. Vive en casa.

—¿Cuántos años tiene tu hijo?".

Le respondí que 22. (Después me enteré de que, aunque Lou Gehrig firmó con los Yankees en 1923, cuando tenía 20 años, su primera temporada jugando para el club de las Ligas Mayores fue dos años más tarde, cuando efectivamente tenía 22 años). Cuando Jeroen preguntó qué hicimos después del partido, le dije que fuimos a comer algo y beber una cerveza a la ciudad. Todo el diálogo fue en presente y yo hablaba en primera persona, como madre de Lou Gehrig. Cuando respondía las preguntas de Jeroen con los ojos cerrados, en mi mente veía la acción desplegándose en coloridas imágenes en movimiento.

Jeroen me guio para salir de esta escena y pasar al siguiente evento importante en la vida de esta mujer. ¡Bam! Allí estaba otra vez en el Yankee Stadium, pero tenía una sensación muy diferente porque era el día en que mi hijo se retiraba del beisbol como consecuencia de un problema médico. Las sensaciones se agolparon en mí. Cuando le dije que los fuertes sonidos provenientes de las cámaras me lastimaban los oídos, realmente sentía dolor en los oídos. Le dije a Jeroen que el fuerte ruido provenía de los *flashes*, aunque era de día, no de noche. (Más tarde leí que en los años 20 y 30, los *flashes* solían usarse durante el día, y me sorprendí al enterarme de que se hacían con un polvo explosivo tan peligroso que la fuerte explosión causó la muerte y el desfiguro de muchos fotógrafos profesionales durante esa época).

Cuando Jeroen preguntó dónde vivíamos, vi la casa y dije que era una "casa más grande" que "está sobre una colina", y añadí que nuestro hijo nos la había comprado. En respuesta a la pregunta de Jeroen sobre la edad de mi hijo, le dije que ahora tenía 39 años. (Mi comprobación posterior de los hechos reveló que Lou Gehrig tenía 36 años cuando pronunció su discurso de "El hombre más afortunado", el 4 de julio de 1939.) Me oí inquieta cuando dije: "Su cuerpo está enfermo… No puede correr… No puede batear…. Pero sigue siendo un caballero".

—¿Los médicos saben qué le pasa a tu hijo?

—No lo saben, no lo saben. Pero estará bien.

—¿Así que no estás preocupada?

Con completa convicción respondí, "No. Va a estar bien".

Mi mente lógica estaba en total desacuerdo con esto porque sabía que Lou Gehrig había muerto poco después de retirarse de los Yankees. Pero acostada sobre la mesa, sentí la convicción de una madre de que su hijo iba a estar bien.

Le dije a Jeroen que mi hijo estaba casado y describí a su esposa como una "mujer peculiar". Le dije que "no le gusta venir a nuestra casa, así que él viene solo".

—Así que cuando dices "mujer peculiar", ¿es porque no te cae bien?

—Le gustan las cosas a su manera.

Le mencioné a Jeroen que mi hijo la quería, pero añadí: "Había otras mejores".

Cuando Jeroen preguntó si habían tenido hijos, le respondí que no y le expliqué: "No creo que ella pueda tener hijos".

—Por lo menos son felices juntos.

—Sí, es un buen chico.

Cuando Jeroen me felicitó por la manera en que eduqué a mi hijo, felizmente acepté el cumplido y le dije gracias. Tenía la suficiente claridad como para darme cuenta de que nuestra conversación estaba volviéndose más extraña cada segundo. Dije que a la esposa de mi hijo "no le cae bien mucha gente", pero que a mi hijo le cae bien todo el mundo. Excepto…

—No le cae bien Babe Ruth —dije.

—¿Por qué no? ¿Qué pasó?

—Estuvo mal. Fue malo con la esposa de Lou. Trató de insinuársele a su esposa.

Esta información no fue tan sorpresiva porque ya sabía sobre la disputa entre Babe Ruth y Lou Gehrig, pero sentí muy raro experimentar las emociones desde la perspectiva de la madre de Lou Gehrig. Lo más notable fue la montaña rusa de emociones que sentí cuando describía cada escena. Mis emociones recorrían la gama de la tristeza, la emoción, el orgullo, el humor, la alegría, la incredulidad y la desesperación.

Jeroen entonces me indicó que avanzara hasta el siguiente día importante en la vida de esta mujer, y fui llevada a una escena muchos años más tarde.

—Ahora estoy sola. No hay esposo ni hijo —le dije.

Cuando Jeroen me preguntó cómo había muerto mi hijo, la tristeza que sentía era desgarradora. Expresé que me había sorprendido mucho la muerte de Lou.

—¿Lo vieron los médicos?

—Sí, no pudieron hacer nada.

—¿Saben qué tenía?

—Creen que tenía un problema con el sistema nervioso. No lo sé.

—¿Sabías que su muerte se acercaba o fue inesperada?

—Fue demasiado rápido. Es una lástima que no tuviera hijos —expresé con el corazón en los pies.

Le dije que mi esposo lo pasó muy mal después de la muerte de nuestro hijo y que había bebido mucho. Aseguré que la muerte de mi esposo fue el resultado de un ataque al corazón.

Jeroen me guio para que avanzara a la siguiente escena importante en esta vida. De inmediato me encontré tendida en una mesa de hospital.

—Creo que los médicos trabajan en mi cuerpo.

—¿Cuántos años tienes?

—Sesenta y dos —mencioné que mi cuerpo iba a ser cremado y le dije que a mi funeral no fue "ningún familiar; la mayoría eran desconocidos".

Después describí que sentía que mi alma salía de un cuerpo cansado y agotado para reunirse en el Cielo con mi familia y un pequeño perro. Jeroen preguntó cómo se veía mi esposo. Me reí e hice reír a Jeroen cuando le respondí: "mejor".

—¿Lou está ahí?

Asentí y mi voz tembló cuando describí que Lou venía hacia mí para abrazarme.

—Pregúntale a Lou, pregúntale ¿por qué tenía que irse tan pronto de esta vida?

Y cuándo le pregunté: "¿Por qué tuviste que irte tan pronto? ¿Por qué me dejaste?", él me respondió "así lo elegí".

—¿Por qué lo eligió así?

—Es mejor haber vivido.

—¿Qué más quieres preguntarle?

Le pregunté: "¿Volveré a verte?".

—¿Qué te contestó?

—Te encontraré —dije mientras las lágrimas me rodaban por las mejillas.

—¿Y qué sientes ahora?

Sonriendo, todavía con lágrimas, le respondí: "Siento que sí me encontró. En Christian".

—¿Él es Christian?

—Sí.

—¿Entonces cumplió su palabra?

—Sí —le respondí riéndome entre lágrimas—. ¿Y ahora qué? ¿Qué vamos a hacer?

—Está bien, ya lo sabremos.

Jeroen pidió permiso para hablar con el subconsciente de Cathy y le comenzó a hacer preguntas a mi yo superior. Ahí fue cuando nuestra conversación cambió de la extraña experiencia de mí hablando en primera persona, como madre de Lou Gehrig, al fenómeno todavía más extraño de hablar de mí misma en tercera persona.

—¿Cuál fue el propósito de esta vida?

—Sanar, sentirse completa —respondí con los ojos cerrados.

—¿Cuál fue el propósito de que Cathy y Lou se reunieran en esta vida?

—Conclusión… y también revivir los buenos tiempos —le dije, mientras un sentimiento de paz llenaba todo mi cuerpo.

Cuando abrí los ojos y vi la cara de Jeroen, me pareció que habían transcurrido solo unos minutos. Lo primero que me hizo sospechar que había pasado una cantidad significativa de tiempo fue que me urgía ir al baño otra vez. Antes de regresar a casa, le di un gran abrazo apretado a Jeroen. En realidad sentí un vínculo especial con este hombre al que había conocido tan solo tres horas antes. En los días que siguieron, me pregunté: *¿El propósito de la vida en la Tierra puede ser tan simple? ¿Es posible que escogiéramos esta vida, como Christian le había dicho al Dr. Tucker, con el propósito de disfrutar juntos los buenos tiempos?*

Capítulo 15

El amor de una madre

El amor perdura a pesar de todo;
lo cree todo, lo espera todo, lo soporta todo.
El amor nunca termina.
1 CORINTIOS 13: 7-8

Cuando llegué a casa después de la sesión de tres horas con Jeroen, no había terminado de digerir lo que acababa de ocurrir y no estaba de humor para discutirlo con nadie. Sin embargo, mientras acostaba a Christian esa noche, sentí que los ojos se me llenaron de lágrimas. Tenía que decirle algo por primera vez.

—Te creo, Christian. Yo era tu madre cuando eras Lou Gehrig.

Los ojos de Christian se iluminaron y me di cuenta de que quería oír más sobre mi cambio de opinión. Cuando le conté sobre mi viaje al pasado y mi visita a la vida de la madre de Lou Gehrig, preguntó entusiasmado: "¿Era una máquina? ¿Puedo hacerlo yo también?". Le pregunté a Christian si recordaba que estaba casado cuando era Lou

Gehrig y su respuesta no fue lo que esperarías escuchar de un niño de cinco años.

—Ella tomaba alcohol y había muchos gritos, como con Babe Ruth.

Las últimas palabras que dijo antes de quedarse dormido fueron: "Lou nunca debió casarse con esa tonta mujer. Era borracha". Esa fue la última vez que saqué el tema de la esposa de Lou Gehrig con Christian porque, obviamente, era un tema doloroso.

Al día siguiente, Jeroen me mandó por correo electrónico la grabación de audio de nuestra sesión, pero no pude escucharla porque seguía reconciliándome con la extraña sensación de caminar literalmente en los zapatos y el cuerpo de otra persona. Además, no sentía la necesidad de escuchar la grabación porque recordaba perfectamente todo lo que había dicho bajo hipnosis. Las imágenes vivas de las escenas que había experimentado estaban tan frescas en mi mente como si hubiera estado allí en persona o como si las hubiera visto en una película. Sin embargo, tenía un fuerte deseo de buscar en Internet datos históricos sobre la vida de Christina Gehrig, para ver si los detalles que revelé durante la sesión estaban basados en la realidad.

Cuando encontré fotografías escalofriantemente similares a las imágenes que vi en mi película imaginaria, emocionada se las envié a Jeroen en mensajes de texto con comentarios como: "¡Esos eran los zapatos!". Le envié una foto del viejo marcador del Yankee Stadium, de la década de 1920, y escribí: "¡El marcador sí era operado a mano!". Lo más sorprendente fue descubrir que Lou Gehrig tenía 22 años cuando jugó su primera temporada en las Grandes Ligas, tal como había informado bajo hipnosis. Aunque Lou Gehrig firmó con los Yankees pocos días antes de cumplir veinte años, no fue parte de la alineación de las Grandes Ligas de los Yankees sino hasta que reemplazó a Wally Pipp como primera base inicial, dos años después. Antes de mi sesión con Jeroen no tenía idea de que la cronología hubiera sido así.

Irónicamente, el viejo Yankee Stadium que vi con tanta claridad durante mi regresión fue derribado en 2008, año en que nació Christian, para dar paso al ultramoderno Yankee Stadium. Mi averiguación también me llevó a descubrir una casa en la calle Meadow Lane 9, en New Rochelle, Nueva York, que Lou Gehrig compró para sus padres en 1927. La fotografía moderna que encontré de Meadow Lane 9 se parecía mucho a la casa de la colina que describí, donde vivíamos cuando Lou se retiró.

Para mi asombro, todos los detalles de mi regresión resultaron históricamente exactos, con la excepción de tres hechos clave. Reporté erróneamente que Christina Gehrig había muerto a los 62 años de edad y no a los 72, y me pasé tres años cuando dije que el discurso de jubilación de Lou Gehrig tuvo lugar cuando tenía 39 años. La tercera discrepancia, y la más inquietante, de mi

regresión fue mi comentario acerca de estar extremada-
mente sorprendida por la muerte de mi hijo. No fue solo
el comentario, sino el sentimiento de certeza que tuve
al decir que estaría bien y la confusión que sentí después
de que murió.

Gracias a mi investigación supe que, al parecer, Lou
Gehrig era consciente de su inminente muerte antes de
pronunciar su discurso "El hombre más afortunado" en
el Yankee Stadium, el 4 de julio de 1939. Si la historia
documentada fuera correcta, sería lógico que los padres
de Lou Gehrig también supieran que le quedaba muy
poco tiempo de vida. Si fuera verdad, mi comentario
bajo hipnosis de estar sorprendida por la muerte de Lou
Gehrig sería equivocado. Esta inconsistencia impulsó mi
deseo de profundizar en la vida y muerte de Christina
Gehrig.

Cuando busqué en línea los detalles que rodearon la
muerte de Christina Gehrig no encontré nada, así que
pedí una copia de su certificado de defunción al Departamento de Salud Pública de Connecticut, para ver
si mi descripción de que había muerto en un hospital y
que habían cremado su cuerpo era exacta. Unas semanas
después, cuando recibí por correo el certificado de defunción, me sorprendí al leer que, efectivamente, había
muerto en un hospital y que su cuerpo fue cremado, tal
como lo había informado. Estaba convencida de que había algo más que mera coincidencia.

Me obsesioné con investigar la singular relación entre Lou Gehrig, su madre y su esposa. En medio de días de trabajo muy ajetreados, mi mente divagaba al tema de la familia Gehrig. Entre llamadas a mis clientes de bienes raíces o mientras esperaba que se completara la inspección de una casa, usaba mi celular para buscar pistas en Internet. En un artículo escrito por Lou Gehrig poco antes de casarse, en 1933, decía: "Mi madre es mi inspiración, mi amor, mi mánager, mi todo. En torno a ella giran todas mis actividades". A los 30 años de edad, Lou seguía viviendo con sus padres, y se asegura que su madre siempre estaba en las gradas en sus partidos, tanto en el Yankee Stadium como cuando iban de visitantes.

Todo eso cambió cuando Lou se enamoró de Eleanor Twitchell y se casó con ella. Un amigo cercano de la familia de Gehrig, Fred Lieb, escribió sobre su tempestuosa relación en su libro *Baseball As I Have Known It* (*El beisbol como yo lo conocí*). Las palabras exactas de Fred fueron: "Sería bueno reportar que a partir de entonces las cosas entre mamá y su nuera fueron armoniosas. Pero desde el principio hubo enfrentamientos cada vez que se juntaban ambas generaciones de los Gehrig". Fred informó que la hostilidad entre ambas mujeres permaneció igual mucho tiempo después de la muerte de Lou. Tomando en cuenta la profunda animosidad entre Christina y Eleanor, me extrañó la sutil elección de palabras que había usado para describir a Eleanor mientras estaba bajo hipnosis. Describí a la esposa de Lou como una "mujer peculiar" a quien le gustaba controlar las cosas. Reflexionar sobre ese comentario tan sutil me llevó a creer que la madre de Lou tenía un buen corazón y no era una persona que hablara mal de la gente, incluso de gente que no le agradaba.

Encontré las mayores revelaciones sobre las disputas de la familia Gehrig en un libro de la esposa de Lou, Eleanor, escrito en coautoría, titulado, *My Luke and I* (*Mi Luke y yo*). Eleanor escribió que Lou a veces se molestaba cuando bebía porque él no solía beber. Escribió sobre un incidente en particular, ocurrido en un barco durante una gira del equipo de estrellas de beisbol en 1934, en Oriente, que había enfurecido a Lou. Según el relato de Eleanor, ella se "perdió" en el barco durante dos horas. Lou estaba furioso cuando la encontró en el camarote de Babe Ruth, bebiendo champán con Babe y su esposa. Este incidente acrecentó la disputa entre Lou y Babe que había comenzado dos años antes. Lo que más me impactó de la historia fue su congruencia con los comentarios de Christian en cuanto a la bebida y los gritos cuando le pregunté si recordaba que había estado casado. Me pregunté si este también podía ser el episodio de Babe Ruth tratando de "insinuársele" a la esposa de Lou, del que hablé durante mi regresión.

Conforme seguía desenterrando evidencias consistentes con los hechos que revelé bajo hipnosis, las cadenas de mi escepticismo se aflojaron aún más. Estaba convencida de que algo muy real, más allá de mi comprensión, había ocurrido mientras estuve en un estado de trance hipnótico, pero no estaba segura de la razón o del significado de todo. *¿La información se canalizaba desde alguna otra dimensión o estaba profundamente enterrada en las capas de mi alma?*

Capítulo 16

El amor nunca muere

En la música, en el océano,
en una flor, en una hoja,
en un acto de amabilidad…
en esas cosas veo a lo que la gente llama Dios.
PABLO CASALS

Ahora cuestionaba las creencias a las que me había aferrado durante los últimos 40 años. Sentí como si estuviera engañando a Jesús mientras buscaba respuestas, exploraba diferentes religiones y examinaba las antiguas escrituras sobre las que estaban fundadas. Me sorprendió enterarme de que, aunque solo entre el 25 y el 30 por ciento de los estadunidenses cree en la reencarnación, es una creencia mayoritaria entre la población mundial. Encontré inspiración en los pasajes del Talmud judío, en los Evangelios Gnósticos cristianos, en el Corán islámico, en el Bhagavad Gita hindú y la Cábala, que expresan explícitamente una creencia en la reencarnación. De acuerdo con las Escrituras Gnósticas, incluso Jesús habló de "renacimiento". Mi mayor descubrimiento fue darme cuenta de que en la raíz de todas las religiones existe un respeto por un poder universal mayor que nosotros mismos y un precepto de amarnos unos a otros.

Mi búsqueda en la historia de la reencarnación también me llevó a muchos filósofos prominentes, poetas, científicos y líderes del pensamiento que aceptan el concepto de reencarnación como una verdad indiscutible. A través de mi investigación descubrí que el concepto de reencarnación ha sido un tema recurrente en la literatura, la ciencia y la religión desde el comienzo de la historia registrada. Me intrigó saber que Platón, Sócrates, Rumi, Voltaire, Carl Jung, William Wordsworth, Walt Whitman, Henry Wadsworth Longfellow, Edgar Allan Poe, W. B. Yeats, el General George Patton y Henry Ford estaban entre la larga lista de personajes que creían en vidas pasadas y en la probabilidad de vivir más de una vida.

Goethe comentó en el funeral de un amigo: "Estoy seguro de que he estado aquí mil veces, como estoy ahora, y espero volver mil veces". Henry David Thoreau creía que la reencarnación era un instinto profundamente arraigado de la raza humana y fue uno de los muchos que han tenido un sentido muy fuerte de *déjà vu*, la experiencia de "haber estado allí antes". Albert Einstein dijo lo siguiente después del fallecimiento de un querido amigo: "Ahora Besso se ha ido de este extraño mundo un poco antes que yo. No significa nada. La gente como nosotros... sabe que la distinción entre pasado, presente y futuro es solo una ilusión obstinada y persistente".

Me sentí especialmente conmovida por las enseñanzas del dalái lama, quien predica que la paz interior proviene del desarrollo del amor y la compasión por nosotros mismos y por los demás. El budismo tibetano es una religión de bondad basada en el principio fundamental de que cuidar la felicidad de los demás libera nuestros miedos, y nos da la fuerza para hacer frente a cualquier obstáculo que encontremos. La enseñanza del dalái lama de que el propósito de la vida es buscar la felicidad y aliviar el sufrimiento resonó conmigo más que nunca, después de recibir el mensaje durante mi regresión de que Christian y yo habíamos elegido regresar por el simple propósito de revivir los buenos tiempos. *¿Es posible que los placeres sencillos de la vida en la Tierra, como ver un partido de beisbol, comer un helado, nadar en el océano, un cariñoso abrazo o ver una puesta de sol, sean algunas de las razones por las que elegimos volver?* Integrar esta filosofía en mi sistema de creencias me hizo atesorar un poco más el "hacer" y atesorar un poco menos el "terminarlo".

Creo en lo que dijo el dalái lama: "Donde hay verdadera compasión, la ira y el odio no pueden existir". Este principio no estaba muy lejos de las enseñanzas bíblicas con las que me crié. Sin embargo, cuando se trata del tema de la reencarnación, el cristianismo y el budismo tibetano no se ponen de acuerdo. Cuando descubrí que el concepto de "renacimiento" era frecuente en las escrituras cristianas y ampliamente aceptado por los primeros líderes de la iglesia, me di permiso para ser una cristiana practicante y creer en la posibilidad de vivir más de una vida.

Aunque creer en la reencarnación ya no es un crimen que se castiga con la muerte, sigue siendo un concepto polarizador. Cuando busqué cómo y por qué los líderes de la iglesia del siglo IV rechazaron el concepto de "renacimiento", parece ser que era un medio para mantener a los fieles obedientes y leales a la Iglesia y al Estado. Después de experimentar los extraños acontecimientos que habían ocurrido recientemente en mi vida, no podía seguir negando las misteriosas fuerzas del universo que nos conectan a todos. Me quedó claro que el propósito primordial de la vida en la Tierra es aprender a amar y honrarse mutuamente en los buenos y en los malos momentos. Aceptar el hecho de que ningún ser humano jamás tendrá las respuestas concluyentes en cuanto al misterio de la vida es lo que en última instancia me dio tranquilidad sobre el tema de la reencarnación.

Luego vino el reto de integrar los conceptos de amor y compasión a mi vida cotidiana. Después de la regresión sentí un cambio palpable en mi perspectiva. Cuando empecé a ver a cada ser humano como un alma con un cuerpo que podía quitarse como si fuera un zapato viejo, sentí más compasión por la gente en todos los ámbitos de la vida. Mi corazón comenzó a abrirse como el botón de una flor y mi armadura desapareció. Me volví menos crítica conmigo misma y con los demás. Practicar yoga y meditación me enseñó que la paz interior es un estado de ánimo que solo puede lograrse yendo a nuestro interior. Michael estaba más que asombrado cuando empecé a asistir a clases de meditación Sadhana a las 4:00 de la madrugada, pero le expliqué que la meditación tranquilizaba mi mente y me permitía escuchar los susurros de mi alma, igual que la oración. A través de la práctica diaria de oración y meditación descubrí que la mente subconsciente es una puerta de entrada al Divino.

Sin embargo, todavía me resultaba desafiante practicar los principios de amor y compasión cuando se trataba del beisbol de la liga infantil. En la primavera de 2014, el entrenador de un equipo contrario se enteró, por un amigo mutuo, de las historias de la vida pasada de Christian y comenzó a usar esa información para ridiculizar a nuestro hijo. Delante de un grupo de padres de la liga infantil, dijo: "Ese niño está loco. Cree que era Lou Gehrig". En cuanto me enteré, mis sentimientos hacia ese hombre estaban lejos de ser compasivos. En realidad tenía ganas de matarlo como una madre oso que protege a su cachorro. Momentos como ese hicieron que me diera cuenta de que estaba lejos de ser el maestro zen iluminado que me sentía durante mi clase de mediación matutina.

Evidentemente no estaba sola en mi lucha por comportarme humanamente cuando se trataba de ver a nuestros niños jugando beisbol, como demostraron las innumerables veces que nuestros juegos se retrasaron debido a escandalosas discusiones entre los entrenadores, mientras los desconcertados jóvenes se preguntaban por qué todo el mundo estaba tan molesto. No era raro ver a los entrenadores regañando a sus jugadores por no batear una pelota o por cometer un error. Una vez vi a un padre que le gritaba a nuestro equipo desde la caseta: "No estamos aquí para divertirnos, estamos aquí para ganar". Estas escenas quizá fueran incomprensibles para el fundador de la Liga Infantil de Beisbol, Carl Stotz, cuyo objetivo al crear la liga fue fomentar la cooperación, el trabajo en equipo y el respeto hacia los demás. Una madre lo dijo mejor cuando gritó desde las gradas a los entrenadores que estaban discutiendo sobre la decisión de un ampáyer: "¿A quién le importa el beisbol? ¡Aquí estamos formando a hombres jóvenes!".

En uno de los juegos de *playoff* de la liga infantil, el hijo del entrenador que se había burlado de Christian hizo algo que provocó que me hirviera la sangre. En la primera entrada, noté que estaba enojándome cuando el hijo de siete años del entrenador del otro equipo, que estaba en primera base, cuestionó la decisión del ampáyer. Cuando el ampáyer cantó "bola uno", el chico le gritó a su pícher: "No le hagas caso, Jack. Ese ampáyer no sabe qué es un *strike*". Me horrorizó más el hecho de que el padre del niño no le llamara la atención a su hijo y pareciera aprobar el comentario irrespetuoso.

Y dos entradas después, el mismo niño estaba a punto de batear y sacó un rodado por segunda base. El segunda base recogió la pelota y se la lanzó a Christian a primera base para hacer *out*. Fue entonces cuando el hijo del entrenador, que era dos años mayor y mucho más grande que mi hijo, salió corriendo de la base para golpear a Christian con la intención de que soltara la pelota, una táctica que este niño utilizaba con frecuencia. Christian se las arregló para no soltar la pelota, pero lo sacaron del partido con una lesión en el cuello. Tenía ganas de agarrar al niño del cuello y decirle al padre que se aventara por un precipicio. Sin importar cuánto tratara de sentir compasión y amor por este entrenador, lo único que sentía era rabia.

Al día siguiente mandé un correo electrónico a la liga solicitando que se enviara una advertencia al niño antes del partido de campeonato. Al tratar de señalar al chico para vengarme de su padre, yo era igual de culpable que el entrenador que tanto me disgustaba por violar los principios sobre los que se fundó el beisbol de la liga infantil. No me gustaba este aspecto de mí misma, pero los amargos sentimientos que el entrenador despertaba en mí parecían estar fuera de mi control. Fue evidente que todavía me faltaba un largo camino por recorrer en mi nueva práctica espiritual de amor, compasión y perdón. Mi trabajo interior estaba lejos de haber terminado, pero poco a poco, estaba aprendiendo que solo cuando la mente está en calma, el corazón puede abrirse.

Capítulo 17

Susurros del alma

Pon los oídos cerca de tu alma
y escucha con atención.
ANNE SEXTON

Al final de la temporada de beisbol de la liga infantil, en junio de 2014, me rendí a mi constante curiosidad sobre la vida de Christina y Lou Gehrig y fui a ver a Jeroen para otra regresión. Faltaba solo una semana para las vacaciones de verano y tenía la esperanza de que mi segunda visita a Jeroen revelara información útil para el viaje que haríamos a mediados de julio a Nueva York, donde planeábamos visitar lugares importantes en la vida de Lou Gehrig. Esto era algo que el Dr. Tucker nos sugirió que hiciéramos más pronto que tarde porque en agosto Christian cumpliría seis años, edad en la que suelen desaparecer para siempre los recuerdos de vidas pasadas de los niños. Además de visitar las viejas casas donde vivió Lou Gehrig y llevar a Charlotte y a Christian a un partido en el Yankee Stadium, también tenía planeado visitar la Biblioteca del Salón de la Fama Nacional del Beisbol, en Cooperstown, para continuar mi investigación.

Llegué a la casa de Jeroen a las diez de la mañana, sabiendo que la sesión podría durar un mínimo de tres horas. Esta vez me sentí llena de esperanza, más que de miedo, cuando toqué la puerta. Durante la plática previa a la sesión, Jeroen me advirtió que eran pocas las probabilidades de volver a la misma vida. En su experiencia como terapeuta de regresión, ninguno de sus clientes había repetido la misma vida en regresiones posteriores. Me dijo: "Intenta entrar sin expectativas". Después de escuchar su consejo, aparté la idea de visitar la vida de Christina Gehrig por segunda vez y decidí que sería divertido embarcarme en una nueva aventura.

Tomé mi lugar en la mesa de masaje y dentro de lo que parecieron segundos, las imágenes visuales lentamente se volvieron más claras. Jeroen me pidió que le dijera cómo me sentía y cómo eran mis zapatos.

—Me siento feliz… y joven.

Cuando miré mis pies, vi unos zapatos brillantes y cerrados, y un vestido largo con un delantal encima y un largo lazo amarrado en la espalda.

—¿Quién te ayuda a amarrarte el lazo? —preguntó.

—Mi mamá.

El entorno que describí era un prado verde con flores silvestres y un lago a mi derecha. Le dije que era una fiesta con mi familia para celebrar el verano. Tenía cuatro años. Le comenté que percibía el olor de la carne asada y veía a los chicos jugando con herraduras. El continuo sondeo de Jeroen reveló que tenía ojos azules y pelo largo y rubio, y que mi madre a veces me hacía una cola de caballo.

—¿Qué es lo que más te gusta de lo que comerás hoy?

—*Kuchen.* Pastel blanco con fresas y crema batida.

Por nuestros viajes a Alemania, a visitar a la familia de mi esposo, sabía que *kuchen* significa pastel en alemán, pero me sorprendió escuchar la palabra de mis labios porque nunca la había pronunciado. Por medio de su interrogatorio, Jeroen me llevó a mi casa. De inmediato vi y describí una granja en el bosque con un techo de metal corrugado; estaba sentada a la mesa de la cocina. Le dije a Jeroen que estaba comiendo avena y pastel con mi madre y mi padre. Cuando Jeroen me preguntó por mi padre, le respondí: "Es como un campesino... corta madera y cosas así".

Jeroen me hizo pasar a la siguiente escena importante en la vida de esta niña.

—Uno, dos, tres... ¿Qué está pasando ahora?

Me describí como una joven regordeta de diecisiete años, era buena estudiante y vivía con mi abuela.

Con una profunda tristeza en la voz, le dije a Jeroen:

—Mi papá vive en otro lugar. Mi madre murió.

—¿Amas algo o a alguien en tu vida en este momento?

—Quiero irme de esta casa. Irme a vivir a otro lugar... Es difícil dejar a mi abuela.

—¿Cómo te llama tu abuela?

—Stina, es como un apodo de Christina. Nos cuidamos la una a la otra porque mi abuelo murió también, así que está sola.

Las palabras salían de mi boca con tal prisa, que cada vez que decía algo, sentía como si estuviera escuchando hablar a alguien más.

Describí que me arreglaba para ir a un mercado al aire libre en el centro de la ciudad donde la gente vende comida. Dije que veía "luces, como pequeñas velas en una fila". Entonces sentí que mi cara se sonrojaba cuando le conté a Jeroen sobre un tipo que me gustaba; un hombre de negocios, mayor y aventurero que también quería mudarse a Estados Unidos. Jeroen me preguntó en dónde estaba viviendo y le respondí: "Se siente como Europa, como el norte de Alemania". Le comenté que tenía unos amigos a quienes describí como "niños más grandes que se habían ido a Estados Unidos... Envían cartas. Ahí hay oportunidades". Un sentimiento de esperanza y optimismo se apoderó de mí cuando dije esas palabras.

Jeroen me hizo alejarme de esta escena y pasar a la siguiente. Entonces me preguntó qué estaba mirando o sintiendo. Me reí y dije: "Creo que estoy embarazada".

Describí que me sentía feliz, pero asustada porque to-davía no estaba casada con el padre del bebé, mi novio, Henry.

—¿Sus familias lo ven bien? ¿Qué no estén casados y que estén esperando un bebé?

Respondí con timidez: "Todavía no lo saben. Acaba-mos de llegar a Estados Unidos".

Le dije que estábamos quedándonos con una fami-lia que tampoco sabía de mi embarazo y le dije que yo "cocinaba y limpiaba para ayudar a pagar la renta de la habitación". Cuando Jeroen me preguntó qué trajimos con nosotros a Estados Unidos, le respondí: "Trajimos un baúl con cosas personales; ropa, joyas y algunas fotos". Veía perfectamente los detalles a todo color de los obje-tos que describía.

Fue entonces cuando preguntó por nuestro viaje a Estados Unidos. Sentí como si realmente estuviera en el barco cuando describí que dormía en la cubierta supe-rior con una manta de yute y veía un vapor negro que salía del barco. Le dije que no pudimos bañarnos durante los catorce días del viaje y que habíamos llevado nuestra propia comida para ahorrar dinero. Me reí cuando añadí: "¡También trajimos un poco de alcohol!". Preguntó si habíamos viajado directo desde Alemania o si viajamos a otro país y le respondí, "Islandia, el Norte, creo". Des-cribí que me sentí aliviada por bajar del barco en Nueva York y le dije que tenía que "registrarme".

—¿Qué implicaba el registro?

—Querían tu nombre y tu fecha de nacimiento y de dónde eras… No llevábamos mucho dinero. Solo decidimos quedarnos en Nueva York.

Me sentí feliz cuando describí que conocimos a unas personas en el barco que también hablaban alemán. Me encariñé en especial con mi nueva amiga Meredith Krueger, que hacía el viaje con su hermano. Jeroen preguntó qué tipo de trabajo hacía Henry. Sin vacilar le dije: "Trabaja con sus manos. Como con metal y herramientas. También puede hacer herraduras". Jeroen me preguntó qué me gustaba de Nueva York, a lo que respondí: "Me gusta la gente. Me gusta que todo sea nuevo. Aquí son mucho más felices… Soy feliz aquí". Mientras hablaba me sentía muy contenta y orgullosa de mi nueva vida en Estados Unidos.

—Ahora, avancemos hasta el día en que nace tu bebé. Dime qué pasa —dijo Jeroen.

—No teníamos mucho dinero para pagarle a un médico, así que tuvimos que pedir a unos amigos que nos ayudaran en nuestra casa.

Al preguntarme cómo me sentía al respecto, me sorprendí cuando las siguientes palabras salieron de mi boca: "Un poco triste, creo".

—¿Por qué te sientes triste?

Mi voz tembló cuando le respondí: "No fue un buen nacimiento… el cordón se enredó en el cuello del bebé".

Expresé mi preocupación porque el bebé no estaba comiendo y añadí: "Creo que fue demasiado traumático el nacimiento. Si hubiéramos ido al médico, creo que habría estado bien".

Dije que mis amigos que ayudaron con el nacimiento "lo habían hecho antes, pero en realidad no sabían qué hacer".

—Debe haber sido difícil para ti —dijo Jeroen con empatía.

Ambos nos sorprendimos cuando afirmé: "Sí, es muy triste enterrar a un bebé". En ese momento, experimenté una profunda sensación de desesperanza, como si hubiera perdido a mi bebé.

—¿Qué le pasó al bebé?

—Tenía fiebre, pero sigo creyendo que fue el nacimiento. Fue demasiado difícil para él.

Le comenté que cuando llegó el médico ya era demasiado tarde e informé que el bebé había muerto doce días después de nacido. Mi corazón estaba destrozado cuando dije: "Desearía que hubiéramos tomado una mejor decisión, que alguien nos hubiera apoyado… Creo que Meredith Krueger me ayudó".

Sentí que la tristeza se desvaneció cuando Jeroen me instruyó para que mirara y experimentara la siguiente escena importante para mí. Después de la cuenta atrás dijo: "¿Qué está pasando ahora?". Esta vez yo era madre y felizmente describí que limpiaba a mis dos bebés. Dije que el niño de dos años se ponía celoso cuando amamantaba a la niña de un año.

—Pero es demasiado grande —le dije a Jeroen.

Me preguntó qué hacía el chico cuando se ponía celoso y ambos nos reímos cuando le respondí: "Intenta sentarse en mis piernas". Parecía segura de que el nombre del chico era Lou, pero cuando me preguntó si la niña tenía un apodo, le dije: "Creo que su nombre es Sophie, pero no sé cómo la llamo". La describí pequeña con ojos azules y la piel más clara que la de Lou. Añadí: "Él también la ama". Cuando me preguntó si la niña era un bebé sano, le respondí: "Sí. Está flaca. Necesito engordarla". Me reí.

La línea de preguntas entonces se volvió hacia donde estábamos viviendo en ese momento. Expresé que estaba feliz de vivir en un departamento barato de una habitación que encontramos fuera de la ciudad, en un edificio de tres o cuatro pisos hecho de ladrillos. Me preguntó si mi amiga Meredith Krueger todavía estaba presente y le respondí cariñosamente: "Sí, es buena amiga… Ella también ama a mis hijos". Cuando le dije a Jeroen que ella trabajaba mucho como secretaria, preguntó: "¿Tú qué piensas de eso?". Le dije: "Estoy feliz por ella. Pero no sé si podrá conocer a alguien porque está muy ocupada". Jeroen me preguntó si me había casado con Henry y le respondí con una gran sonrisa: "Sí, estamos casados". Cuando él preguntó por la ceremonia, me reí entre dientes al decirle: "Acabamos de ir al registro. No tuvimos fiesta ni nada".

Cuando Jeroen me preguntó sobre mi vida como madre, tuve una sensación de orgullo y satisfacción al contarle sobre mis responsabilidades diarias de cocinar, limpiar y cuidar a mis dos hijos. Cuando me cuestionó acerca del trabajo de mi marido, le informé que ahora estaba trabajando en una tienda donde hacen cercas. Jeroen preguntó si nuestros ingresos estaban bien y le respondí: "Estamos bien. Quiero que les tomen fotos a los niños, pero cuesta dinero". Estaba evidentemente preocupada por el dinero, pero concluí: "Creo que voy a hacerlo".

Jeroen dio la instrucción de que me trasladara a la siguiente escena importante y después de contar hasta tres, hizo su pregunta habitual: "¿Qué está pasando ahora?".

—Tuvimos que enterrar a nuestra hija —dije con tranquilidad.

Sintiendo mi tristeza, Jeroen expresó: "¡Ay, no!".

Le conté que estaba preocupada por el "pobre Lou" y añadí: "Está confundido. No sabe adónde fue".

—¿Cuántos años tiene Lou ahora?

—Tres años.

—¿Qué le pasó a tu hija?

—Contrajo una enfermedad, una fiebre, como un virus... tos.

Jeroen preguntó si era algo común y respondí con profunda desesperación: "Suele pasar. Pero pensé que estaría bien. Lo intentamos todo".

—¿Qué intentaron?

—Intentamos con alimentos especiales, medicinas, pero no pudimos salvarla.

Vi a la niña sufriendo cuando mencioné: "Su cuerpecito estaba muy caliente. Fue una infección". Le dije que había muerto al atardecer y que había un sacerdote ahí también. Cuando Jeroen me preguntó cómo estaba Lou manejando su muerte, le respondí: "Extraña a su bebé. Espero que un día él tenga un bebé".

—¿Cómo está lidiando Henry con esto? —preguntó Jeroen.

—Está triste, pero en el fondo… intenta trabajar. No lo veo mucho.

Cuando Jeroen preguntó por nuestra relación, le dije: "Él es tranquilo. A veces grita. Estamos bien".

Para alegrar la situación, Jeroen preguntó de una manera optimista: "¿Quién lleva los pantalones en la relación?". Mi respuesta fue: "No es una persona muy fuerte, no es muy comunicativo. Yo tomo más decisiones… No suele opinar mucho".

Jeroen volvió al tema de la pérdida de mi bebé y me preguntó si me sentía bien mostrando mis sentimientos. Le dije que lloraba mucho, pero no delante de Lou. Dije con convicción, "trato de ser fuerte delante de él".

Al final de la sesión, cuando yo todavía estaba en trance, Jeroen pidió permiso para hablar con el "subconsciente de Cathy". Me preguntó cuál era el propósito de esta secuencia de eventos.

—Creo que hay una foto de Lou y su hermana en algún lugar —le dije—, tal vez pueda encontrar esa foto cuando vaya a Nueva York.

Cuando salí de la casa de Jeroen, no pude sacudirme la pesadez de la experiencia de perder a dos niños pequeños con muertes prematuras. Recuerdo vagamente haber leído que Lou Gehrig tuvo hermanos que murieron a corta edad, pero no dediqué mucho tiempo a pensar sobre ello. Mi padre había perdido a su hermana de tres años a causa de meningitis, y por eso sabía que la muerte de niños por enfermedades a principios de 1900 era algo común. Los hermanos fallecidos de Lou Gehrig no me habían parecido importantes hasta que no tuve esta experiencia tan real, en la que el dolor de la pérdida me afectó profundamente.

Lo primero que hice cuando llegué a casa fue buscar el árbol genealógico de la familia de Lou Gehrig en Ancestry.com. El sitio enumeró a dos hermanas: Sophie, que nació un año después de Lou y falleció cuando tenía año y medio, y una hermana llamada Anna, que nació un año antes que Lou y vivió solo tres meses. Aunque era algo extraño y macabro, pedí las actas de defunción y nacimiento de Sophie y Anna Gehrig. Cuando los documentos llegaron, unas semanas más tarde, el acta de defunción de Sophie Gehrig me llamó la atención. Me quedé sin aliento cuando leí que la causa de la muerte fue "sarampión, difteria, bronconeumonía". Esto explicaba el sufrimiento que describí, así como la fiebre alta y la tos.

Leí en línea que Lou fue el único de los cuatro niños Gehrig que sobrevivió a la niñez, pero no pude encontrar ningún certificado de nacimiento o defunción de un cuarto hijo de la familia Gehrig. Tenía una fuerte sensación intuitiva de que el misterioso hermano debía ser el niño que describí dar a luz antes de casarme con Henry. Cuando estaba bajo hipnosis dije que habíamos mantenido en secreto ese embarazo, no le dijimos a nuestros padres y nunca le pusimos un nombre al bebé porque murió doce días después de que nació. Me pregunté si el embarazo fuera del matrimonio de Christina Gehrig, que vi tan claramente bajo hipnosis, había sido real. De ser así, seguramente había sido un secreto del que nadie se enteró, ni su propia familia, y lo guardó hasta el día de su muerte. Esto explicaría por qué el acta de nacimiento del cuarto niño Gehrig siempre ha sido un misterio.

Muchos de los demás detalles que surgieron en mi regresión eran difíciles de verificar, como si Christina en verdad tuvo una amiga llamada Meredith Krueger. Sin embargo, pude encontrar documentos que confirmaban que la madre de Lou Gehrig, Christina Fack, a principios de siglo llegó de Alemania a Estados Unidos en un barco cuando era adolescente, justo como había dicho. También me enteré de que el viaje en barco a Estados Unidos solía hacer una parada en Islandia. Fue difícil encontrar información sobre la infancia de Christina en Alemania, pero me sorprendió mucho leer que vivió con su abuela. No pude determinar si se trataba de su abuela materna, pero me sentía muy segura de ese hecho cuando estaba bajo hipnosis. Mi búsqueda en Internet también reveló que en Alemania, a las Christinas se les llamó "Stina" en alguna época, cosa que yo no sabía. También encontré fotografías de finales de 1800 de casas alemanas con techos de metal corrugado, similares a las que vi cuando le describí a Jeroen su casa de la infancia.

Mi búsqueda en línea de una foto de Lou Gehrig con su hermana pequeña fue un fracaso completo. Desenterrar esa foto, si es que alguna vez existió, se convirtió en mi nueva obsesión. Sentí lo importante que había sido para Christina Gehrig tener una foto de los dos juntos, aunque no pudiera pagarla. Añadí la búsqueda de la foto a mi lista de cosas qué hacer en Nueva York. Si esa foto existiera seguramente estaría en algún lugar en los archivos de la Biblioteca del Salón de la Fama Nacional del Beisbol.

Poco antes de nuestro viaje a Nueva York, por fin reuní el valor para decirle a Michael sobre de mis regresiones con Jeroen. Como supuse, no estaba tan fascinado con mis ideas como yo, y pensaba que todo era muy raro.

Y no lo culpaba; tenía razón. La noche antes de mi gran viaje a Nueva York con los niños, Michael y yo vimos la película *El orgullo de los Yankees*, un clásico de 1942 que representa la historia de vida de Lou Gehrig y fue protagonizada por Gary Cooper. En la película, la madre de Lou es retratada como una mujer alemana severa y arrogante que carecía de sentido del humor. Esto fue un fuerte contraste con la madre bondadosa, y a veces divertida, que surgió en mis regresiones.

Me llené de incredulidad cuando la película retrató a Lou Gehrig antes de retirarse de los Yankees, recibiendo la noticia de que tenía muy poco tiempo de vida. La escena estaba en conflicto directo con la certeza que sentí de que estaría bien mientras hablaba en primera persona como su madre.

—Estoy segura de que la madre de Lou Gehrig no tenía idea de que la enfermedad de su hijo era mortal hasta el momento de su muerte —le dije a Michael.

Estoy convencida de que pensó que me había vuelto loca de atar cuando regresé la película para volver a ver la escena, y enfáticamente aseguré: "¡No hay manera de que Lou supiera que iba a morir antes de decir su discurso de 'El hombre más afortunado'!".

Por loco que sonara, no podía dejar de sentir que la información que había surgido por medio de mi regresión era correcta y la película estaba equivocada.

Capítulo 18

El cielo del beisbol

El progreso siempre implica riesgos.
No puedes robarte la segunda base y dejar un pie en la primera.
FREDERICK B. WILCOX

Unos días antes de nuestro gran viaje a Nueva York, en julio de 2014, en el canal FOX Sports transmitieron un segmento de Christian para el comienzo del espectáculo previo al juego de las estrellas de las Ligas Mayores de Beisbol.

El segmento de cinco minutos, que había tardado casi cinco horas en filmarse, mostraba a Christian jugando beisbol y hablando de su sueño de ser una estrella de las Grandes Ligas. Las imágenes de él lanzando, bateando, barriéndose, atrapando y sentado en la caseta estaban entremezcladas con imágenes de video de los jugadores del juego de las estrellas de beisbol de los últimos años. Cuando el segmento terminó, el comentarista dijo: "Ese es Christian Haupt, de cinco años. Quizá algún día lo veamos en el Juego de las Estrellas".

Faltaba un mes para que Christian cumpliera seis años y, tal como predijo el Dr. Tucker, los recuerdos que había compartido con nosotros durante los últimos tres años parecían evaporarse como el rocío de la mañana. Tenía la esperanza de no haber esperado demasiado tiempo para hacer este viaje y mostrarle los lugares más importantes de la vida de Lou Gehrig. Cuando Michael se enteró de que nuestro alojamiento sería una pequeña cabaña de madera sin tuberías, en un campo de beisbol cerca del Salón de la Fama Nacional del Beisbol, en Cooperstown, Nueva York, decidió quedarse en casa y cuidar a nuestros perros. Creo que escuchar sobre las regaderas de 25 centavos y los bichos rastreros afianzaron su decisión de renunciar al viaje.

En las semanas previas a nuestra aventura, usé mis habilidades de agente de bienes raíces para localizar el nombre de los propietarios de las dos casas en las que Lou Gehrig había vivido y que todavía estaban en pie. La primera casa que esperaba visitar estaba ubicada en Meadow Lane 9, en New Rochelle, Nueva York. Lou compró esa casa para sus padres en 1927, después de firmar su primer contrato importante con los Yankees. El perfil de la propiedad reveló que ahora la casa era propiedad de un hombre llamado Jimmy con un largo apellido italiano. La segunda era una casa en Riverdale, donde Lou vivió con su esposa, Eleanor, durante los últimos dos años de su vida. Envié cartas a los respectivos propietarios, describiendo los recuerdos de vidas pasadas de Christian y nuestra intención de visitar las casas. Esperaba que los actuales dueños no nos cerraran la puerta en la nariz cuando nos presentáramos en sus casas.

El último pendiente en la preparación para nuestro viaje era ponerme en contacto con los ejecutivos del Salón de la Fama Nacional de Beisbol para pedir autorización de ver los documentos privados de la familia Gehrig y los álbumes de recortes. Tenía la misión de encontrar una foto de la niñez de Lou Gehrig y su hermana pequeña, y también buscar cualquier otra pista que pudiera validar o desacreditar los recuerdos de la vida anterior de Christian y de mis regresiones.

El vuelo de conexión de Chicago al aeropuerto internacional de Albany estaba lleno de gente ataviada con uniformes de beisbol, y Christian se emocionó cuando el amable señor que se sentó junto a nosotros le dijo que se probara su anillo de la Serie Mundial de los Cardenales de San Luis. Llegamos en la víspera del fin de semana anual de ingreso al Salón de la Fama Nacional del Beisbol, una época en que los nombres más célebres en la historia del beisbol se reúnen en Cooperstown. Irónicamente, 2014 no solo era el septuagésimo quinto aniversario de la primera ceremonia de ingreso al Salón de la Fama Nacional del Beisbol, sino también el septuagésimo quinto aniversario del día en que Lou Gehrig se había despedido del beisbol con su emblemático discurso "El hombre más afortunado", en el Yankee Stadium, frente a 61 808 aficionados.

Me pareció irónico que, aunque Lou Gehrig fue elegido para ingresar al Salón de la Fama cuando aún estaba vivo, la ceremonia formal de ingreso no tuvo lugar sino hasta 2013. Los miembros del Salón de la Fama de 2014 serían Greg Maddux, Tom Glavine, Frank Thomas y los mánagers Joe Torre, Bobby Cox y Tony La Russa. Nuestro amigo Tommy Lasorda hacía el viaje a Cooperstown cada año desde su ingreso al Salón de la Fama en 1997, pero este año era muy especial para él porque su querido amigo Joe Torre iba a ser ingresado.

Después de quedarnos una noche en el hotel en Albany, nuestros últimos dormitorios con agua corriente hasta la próxima semana, Charlotte, Christian y yo nos embarcamos en nuestro viaje a la meca del beisbol de Estados Unidos. La estancia del presidente Barack Obama en Cooperstown, dos meses antes de nuestra llegada, fue la primera vez en la historia que un presidente en funciones había visitado el Museo del Salón de la Fama Nacional del Beisbol. Los sentimientos del presidente Obama al visitar Cooperstown fueron: "Pues que me encanta el beisbol; Estados Unidos ama el beisbol. Sigue siendo nuestro pasatiempo nacional. Y todos los fanáticos del beisbol tienen que hacer un viaje aquí".

Nuestro viaje a Cooperstown no fue inspirado por el presidente, sino por el entrenador de beisbol juvenil Ali Cepeda. Durante los meses de otoño e invierno, Christian jugó en un equipo de beisbol llamado Cepeda Bulls, nombrado así por el jugador de beisbol miembro del Salón de la Fama (y padre de Ali Cepeda), Orlando Cepeda. Ali Cepeda, y su hermano Malcolm, quienes también eran jugadores excepcionales de beisbol por méritos propios, habían llevado a cabo un campamento de beisbol de dos semanas durante los últimos dos años en Cooperstown Beaver Valley Campground para que coincidiera con el fin de semana del Salón de la Fama Nacional, donde su padre Orlando era honrado cada mes de julio.

Orlando Cepeda había llegado de Puerto Rico para jugar dieciséis temporadas en las Grandes Ligas, principalmente como primera base con los Gigantes. El padre de Orlando, Pedro "Perucho" Cepeda, se había ganado los títulos de "Babe Ruth of the Caribbean" (Babe Ruth del Caribe) y "The Bull" (El Toro), así que cuando Orlando siguió los pasos de su padre, le llamaron de cariño "The Baby Bull" (El pequeño Toro). En 2014, Orlando tuvo la distinción de ser el único portorriqueño, además de Roberto Clemente, en ser incluido en el Salón de la Fama Nacional del Beisbol.

Reservé nuestro viaje con varios meses de anticipación, después de leer acerca del campamento en el sitio web de Cepeda Beisbol. Me pareció la oportunidad perfecta para llevar a Christian a Nueva York, como sugirió el Dr. Tucker. La tarifa por semana de nuestra pequeña cabaña en el bosque era 350 dólares, un precio pequeño a pagar en esa época del año, cuando una sola noche en un motel de Cooperstown costaba a partir de 350 dólares. El día que llegamos, casi 50000 personas habían acudido a este pueblo para honrar a 58 de los 72 miembros del Salón de la Fama del Beisbol que estarían presentes en la ceremonia de ingreso.

Google Maps me llevó directamente al centro de la ciudad, donde nos recibió una espectacular vista del lago Otsego, rodeado de un exuberante paisaje verde hasta donde uno podía ver. Se dice que los nativos americanos llamaron al impresionante lago "O-te-sa-ga", y James Fenimore Cooper lo llamó "The Glimmerglass". Charlotte y Christian bajaron las ventanas del coche que rentamos cuando nos acercamos a la marina, ansiosos por explorar. Después de hacer rebotar unas cuantas piedras en el lago, la primera parada sería comer con Tommy Lasorda. Nos abrimos paso por Main Street, una experiencia que recuerda a la pintura de Norman Rockwell de los años 50. Nadamos a través del río de aficionados del beisbol en busca del único restaurante italiano auténtico en la ciudad en donde sabíamos encontraríamos al tío Tommy.

Tommy Lasorda y Christian habían establecido un vínculo especial que se notaba cuando estaban juntos. En el restaurante, después de que Tommy y Christian se abrazaron con mutua admiración, Tommy se dio cuenta que Charlotte estaba seria. Él la atrajo hacia sí y le dio un cariñoso abrazo de oso, y dijo: "Eres una niña muy hermosa, pero no podemos darnos cuenta sin una sonrisa en tu carita". Después de ese gesto tan cálido, Charlotte logró esbozar una sonrisa, y yo recordé por qué quería tanto a este hombre.

A sus casi 87 años, Tommy seguía siendo el hombre más trabajador del beisbol. El anillo de bodas en su artrítica mano izquierda era símbolo de los 60 años de matrimonio con su esposa, Jo. Al igual que Lou Gehrig, Tommy era zurdo para lanzar y batear, pero le enseñaron a escribir con la mano derecha, lo cual era socialmente acostumbrado en ese momento. Hoy en la comida, su mano derecha estaba trabajando horas extras mientras firmaba su nombre una y otra vez en hojas de 20 x 30 centímetros en relieve con 15 calcomanías de beisbol en miniatura por hoja. Entre firma y firma tomaba un sorbo de su vino tinto, muestra de su herencia italiana. Cuando finalmente tomó un descanso para comer su pasta y ensalada, le dijo a su equipo de asistentes que estaba sentado a la mesa con nosotros: "¿Quieren arreglar la Liga Infantil de Beisbol? Dejen que las mamás los entrenen". Luego nos dijo que el amor y respeto que sentía por las madres provenía de su amor por su propia madre, Carmella Lasorda, una cálida y amable madre italiana que siempre tenía algo cocinándose en la estufa y palabras de aliento para sus cinco hijos.

La próxima parada fue Doubleday Field, en el corazón de Cooperstown, donde el famoso escritor de beisbol Roger Angell iba a recibir el premio J. G. Taylor Spink Award por sus "contribuciones meritorias en la escritura del beisbol". A los 93 años de edad, Roger Angell era un gracioso maestro de la prosa del *The New Yorker* desde hacía cinco décadas y contando. En un homenaje al gran juego del beisbol, Angell dijo: "Mi gratitud siempre se remonta al beisbol mismo, que resultó ser tan familiar y tan sorprendente, tan espacioso y exigente. Tan fácil de ver y tan desgarradoramente difícil que llenó a la carrera todos mis cuadernos y las estaciones. Un pasatiempo, claro está".

En su discurso de aceptación, Angell dio crédito a su madre, Katharine Sergeant Angell White, que fue la primera editora de ficción en *The New Yorker*, y a su padrastro, E. B. White, autor de *Charlotte's Web* (La telaraña de Charlotte) y *The Elements of Style* por introducirlo al mundo literario. Sin comprender la importancia del premio, mis hijos lograron sentarse paciente y tranquilamente durante los discursos. Uno de los momentos más destacados fue conocer a un amable hombre de 96 años llamado Homer Osterhoudt, que no había faltado a una sola ceremonia de ingreso al Salón de la Fama desde la primera vez que asistió, en 1939.

Después de abastecernos con provisiones y algunos artículos esenciales para nuestro campamento de beisbol en el bosque, nos dirigimos fuera de la ciudad y hacia las colinas para llegar al *camping* que sería nuestra casa durante los siguientes cinco días. En el momento en que llegamos estaba oscuro, llovía y hacía mucho frío. Estaba empezando a pensar que Michael había sido muy sensato cuando decidió no venir. Usando nuestros recién comprados ponchos para la lluvia encontramos los baños comunitarios, y luego nos acomodamos en nuestro modesto hogar lejos de casa.

Capítulo 19

El orgullo de los Yankees

Lo importante es no dejar de cuestionar.
La curiosidad tiene su propia razón de existir.
ALBERT EINSTEIN

A la mañana siguiente, me asomé por la puerta de nuestra cabaña poco después del amanecer y me quedé sorprendida por la belleza del lugar que la noche anterior se había sentido desalentador y misterioso. A unos 40 metros de nuestra puerta había un campo de beisbol como sacado de la película *El campo de los sueños*, enmarcado por un cielo azul claro, nubes blancas y colinas onduladas llenas de árboles que solo vemos en California en las colinas más altas. Después de disfrutar de nuestro baño de 25 centavos, Charlotte, Christian y yo nos dirigimos a la cafetería para saludar a nuestros anfitriones.

Me acerqué a un hombre que estaba de espaldas y que pensé era mi amigo Ali Cepeda engalanado en su uniforme de los Gigantes de San Francisco, pero cuando se dio la vuelta, me recibió una cara desconocida, pero familiar. Resultó ser el hermano de Ali, Malcolm Cepeda.

Después de una rápida presentación, Malcolm me compartió un poco de folclore familiar. Contó la historia personal de que su padre, Orlando Cepeda, tenía programado ir a Nicaragua para llevar ayuda a las víctimas del terremoto en el mismo vuelo que arrebató la vida del legendario jugador latinoamericano de beisbol, Roberto Clemente, el 31 de diciembre de 1972. Malcolm me contó que el destino había intervenido, pues su padre decidió no hacer el viaje porque no quería dejar en casa a su hijo que había nacido un mes antes (Malcolm). Afortunadamente, Orlando decidió quedarse en casa con su familia y cuatro años después nació su hijo Ali. Después de la trágica muerte de Roberto Clemente en 1972, Orlando se convirtió en bateador estrella que se clasificó entre los mejores bateadores de todos los tiempos.

Ali y Malcolm han dedicado su vida adulta a conservar el legado de su padre a través de la organización familiar de beisbol juvenil no lucrativa, Cepeda Beisbol. Cuando conocí a Ali, dijo: "Creo que el beisbol es la razón por la que me pusieron en esta Tierra". Me dijo que nada le agradaba más que la oportunidad de compartir su conocimiento y pasión por el deporte con niños que sienten la misma pasión por el juego. Christian estaba encantado de jugar *Wiffle ball*[4] todas las mañanas en cuanto despertaba, seguido de siete horas del campamento de beisbol. Mientras él se divertía como nunca jugando beisbol con los Cepeda y su equipo de entrenadores universitarios, yo me iba todos los días con Charlotte a los archivos del centro de investigación Giamatti en el Salón de la Fama Nacional del Beisbol. Ella estaba feliz jugando en las computadoras durante horas y horas, mientras yo revisaba montones de documentos legales, libros de recortes y artículos de periódicos sobre Lou Gehrig, muchos de los cuales habían sido donados al museo por la madre y la esposa de Lou Gehrig. Cada día, el amable gerente del centro de investigación Giamatti me llevaba un carrito lleno de cajas que contenían los documentos que solicité antes de mi viaje. Los documentos de casi 100 años de antigüedad solían guardarse en un área de almacenamiento con temperatura controlada en los archivos del Salón de la Fama, y muchos tenían que ser manejados con guantes blancos debido a su fragilidad. Supuse que era la primera vez que habían salido de la bóveda en muchos años.

Mi primer descubrimiento interesante fue la información contenida en documentos legales privados, donados por Eleanor Gehrig, que señalaban una disputa constante

---

4 *Wiffle ball* es una variación del beisbol diseñado para jugar en interiores y exteriores. Se juega usando una pelota de plástico de alta resistencia perforada y ligera, y un bate largo de plástico amarillo.

entre ella y los padres de Lou: Henry y Christina Gehrig. Por medio de sus respectivos abogados, la esposa y los padres de Lou habían discutido sobre todo, desde dónde debía ser el lugar de descanso de Lou Gehrig hasta si los padres de Lou eran los beneficiarios legítimos de un seguro de vida que había comprado para ellos. En el archivo había una carta a Eleanor de su propio abogado, en la que explicaba un plan para quitar a los Gehrig de los beneficiarios. La carta decía:

Mamá Gehrig es un sujeto alemán y el dinero que pueda tener en depósito puede ser congelado.

Después, encontré un documento legal en el que se declaraba que Eleanor Gehrig había logrado revocar los derechos de Henry y Christina Gehrig de la indemnización del seguro de vida de Lou, al probar que los Gehrig seguían siendo ciudadanos alemanes. Desde antes de encontrar esta información no era fan de Eleanor Gehrig, pero ahora, su comportamiento ante los padres de Lou Gehrig me pareció francamente cruel.

Otra carta que encontré aseguraba que lo único que Eleanor le dio a los Gehrig de la herencia de su hijo fueron cinco dólares para comprar el acta de defunción del padre de Lou. Me pareció extraño que Eleanor Gehrig hubiera donado el recibo del pago de cinco dólares por el acta de defunción al Salón de la Fama Nacional del Beisbol. El hecho de que Eleanor estuviera tan dispuesta a mostrar sus trapos sucios donando estos documentos me llevó a creer que debía haber estado orgullosa de sus acciones. Estos descubrimientos me entristecieron y cada día que pasaba, la esposa de Lou Gehrig me caía peor. No solo era una "mujer peculiar", como había declarado durante mi regresión; era despiadada.

De todos los documentos que encontré durante mi investigación en la Biblioteca del Salón de la Fama Nacional del Beisbol, la cereza del pastel fue una carta mecanografiada de la madre de la esposa de Lou Gehrig, Eleanor, dirigida al abogado de Christina Gehrig. La suegra de Lou Gehrig, Nellie Twitchell, escribió en la carta:

> Después llegó la enfermedad de Lou. Durante un año fue tratado por problemas de la vesícula biliar. Un destacado médico diagnosticó erróneamente su caso. Se refugió en el beisbol. Eleanor empezó a mostrar signos de extrema preocupación. Y para resumir, finalmente Lou fue a la Clínica Mayo.
>
> De inmediato se notificó a Eleanor que Lou tenía como máximo tres años de vida. Por fortuna, Lou no estaba cuando se lo informaron. Durante dos semanas, mi hija se sentó en una silla toda la noche con un dolor que nunca antes había visto. Y un día antes de que Lou regresara, se puso lo más presentable posible, apretó los dientes y se preparó para mostrar el poco valor que le quedaba.
>
> Viví con ellos después de esto y te aseguro que hasta que Lou no respiró su último aliento, no sabía que iba a

morir. Eleanor estaba de acuerdo con los doctores, con todos sus amigos, para levantar el ánimo de Lou.Y puesto que día a día podía moverse menos, la tensión sobre mi hija se hizo mayor. Ella nunca flaqueó.

No podía creer lo que había leído, aunque mi corazón sabía que era verdad. ¡Lou Gehrig y sus padres nunca supieron que su enfermedad era mortal!

Agarré mi teléfono de la mesa y llamé a Michael de inmediato para decirle lo que había encontrado. Estoy segura de que sorprendí a las personas que se encontraban cerca de mí en la Biblioteca del Salón de la Fama Nacional del Beisbol cuando le dije:

—¡Michael! La película *El orgullo de los Yankees* está equivocada, ¡y mi regresión tenía razón! A Lou y a sus padres nunca se les dijo que iba a morir.

Bajando la voz, le expliqué a Michael el contenido de la carta. Mi sospecha estaba confirmada: Lou Gehrig no tenía ni idea de que su muerte era inminente cuando pronunció su discurso de retiro "El hombre más afortunado" en el Yankee Stadium.

La carta también daba detalles sobre un horrible conflicto entre Eleanor y Christina Gehrig que alejó a Lou de sus padres durante sus últimos tres meses de su vida. La madre de Eleanor escribió que el pleito comenzó cuando las dos estaban en la cocina mientras Lou dormía en la otra habitación. Según la suegra de Lou, Eleanor explotó cuando Christina le dijo: "Los chícharos son mejores vitaminas. ¡Si Louie se hubiera quedado conmigo, esto nunca habría pasado!". De la reacción de Eleanor, su madre escribió:

> Eleanor se enfureció y de sopetón le soltó a mamá cada una de las molestias que mamá había causado. En una cascada de palabras, le dijo todo lo que se había guardado durante tanto tiempo. Para terminar, Eleanor dijo: "Tú y tu cocina, mira a Pop, es epiléptico; mírate, tienes presión alta y problemas cardíacos; y ese muchacho que está arriba está enfermo. Ahora, mírame, mira a Nel, mira a Bud, somos muy sanos. Tal vez algún día, cuando se conozca la causa de esta enfermedad, quizá seas tú la que se sonroje.

No pude evitar pensar en lo triste que la madre de Lou debió sentirse cuando su hijo murió menos de tres meses después del pleito. *¿Podrían ser los "gritos" a los que Christian se refería cuando una noche antes de dormir hablamos de la esposa de Lou Gehrig?* Tuve la fuerte sensación de que los padres de Lou no pudieron despedirse de su hijo en los meses, las semanas y los días previos a su fallecimiento, debido al distanciamiento entre Christina y Eleanor.

Esperé hasta mi último día en el Centro de Investigación Giamatti del Salón de la Fama Nacional para revisar los archivos de fotos y obtener fotos de Lou Gehrig. En retrospectiva, creo que mi vacilación por ver las fotos se debió a que temía no ser capaz de encontrar la foto de Lou Gehrig y su hermana pequeña de mi regresión que tan desesperadamente quería recuperar.

Un amable empleado llamado John, que era responsable de cuidar los archivos fotográficos, nos llevó a Charlotte y a mí a recorrer la fría bóveda a 12.7° C, donde se guardaban todas las fotos donadas al museo durante los últimos 75 años. Estaba asombrada de ver pasillo tras pasillo de innumerables fotos colgadas en carpetas del piso al techo. Las blusas sin mangas y los shorts que Charlotte y yo vestíamos no nos prepararon adecuadamente para la experiencia de entrar a lo que parecía un refrigerador en pleno verano.

Después de reunir todas las carpetas de Lou Gehrig de la sección G, regresamos a la biblioteca de investigación. Me puse mis guantes blancos y ataqué las doce carpetas de archivos como si fuera un animal salvaje cazando a su presa. Después de ordenar las fotos durante una hora, llegué al último archivo de la enorme pila con la etiqueta *Familia Gehrig*. Foto uno, foto dos, foto tres. Y, al final de la pila de fotos… allí estaba.

Mis enguantados dedos temblaron cuando la agarré: una foto del joven Lou Gehrig y su hermanita montada en un carruaje jalado por caballos. Tenía ganas de llorar. Lou estaba sentado en el asiento delantero del carruaje agarrando las riendas del caballo con una gran sonrisa en el rostro. Junto a él había una anciana abrazando a Lou y sentada en las piernas de la mujer había un bebé con un sombrerito blanco. ¡Tenía que ser Sophie!

Mi corazón latía de alegría mientras sostenía en mis manos la foto en blanco y negro, que se había puesto amarillenta por los años. Me sentí aliviada al saber que Christina Gehrig pudo cumplir su sueño de tener una foto de sus hijos juntos antes de la muerte de su hija Sophie. De todas las escenas que experimenté durante las regresiones, el corto tiempo de Christina como madre de dos hijos pareció ser la época más feliz de su vida. Ver la foto me hizo pensar en el vínculo de hermanos entre Charlotte y Christian. Me dolió el corazón por Christina Gehrig.

El último día del campamento de beisbol, Charlotte y yo participamos en el partido amistoso de padres contra hijos, donde los niños que habían participado en el campamento lanzaban a sus respectivos familiares. A Christian le encantaba tratar de poncharnos, aunque no tuvo éxito en el intento. Antes de salir de la ciudad, hicimos una última parada en el Museo del Salón de la Fama Nacional del Beisbol, donde Christian y Charlotte se encargaron de tomar fotos de todas las exposiciones. Entonces hicimos el viaje de cuatro horas en coche hasta el Bronx para ver uno de los últimos partidos de Derek Jeter con los Yankees. Christian se volvió el fan número uno de Derek Jeter cuando le dije que Derek era el primer Yankee de la historia en romper el récord histórico de Lou Gehrig.

Me daba un poco de nervios tocar el timbre de las antiguas casas de Lou Gehrig, así que dejé el asunto para el último día de nuestra estancia en Nueva York. Cuando íbamos llegando a la casa en Meadow Lane 9, en New Rochelle, tuve una sensación de *déjà vu*. La casa blanca se alzaba en lo alto de una colina y era exactamente igual a la casa que vi y describí mientras estaba bajo hipnosis. Christian tomó fotos de la casa y Charlotte tomó fotos de Christian tomando fotos de la casa mientras caminábamos por el empinado jardín delantero.

Christian subió corriendo los escalones hasta el porche cerrado y llamó a la puerta principal. Nos recibió el amable y carismático dueño de la casa, Jimmy, y con un clásico acento de Nueva York nos presentó a su encantadora novia, Marisol. Sin mencionar nada sobre mi carta, dio a entender que sabía de nuestro plan de visitar la casa y nos invitó a pasar para darnos un *tour*. Supuse que el diseño era igual desde que Lou Gehrig compró la casa en 1927, porque parecía que el mundo moderno no había llegado al interior, con la excepción de algunos aparatos nuevos. Mientras Marisol estaba ocupada en la cocina, su sobrino de nueve años y sus dos gatos, Tiger y Sofia, nos siguieron de cuarto en cuarto por la casa de cuatro pisos.

El *tour* de Jimmy incluyó una rápida visita al sótano. Cuando vi el baño del sótano, que todavía tenía la tina y el excusado de cadena que instalaron en 1905, cuando construyeron la casa, soñé despierta sobre los días pasados. Nos dijo que el baño del sótano probablemente se hubiera construido para que los trabajadores del carbón no tuvieran que entrar a la casa principal antes de quitarse los restos de carbón. En el ático, Jimmy nos enseñó un viejo armario de cedro y una luz fija que originalmente fue instalada para el gas. Jimmy se divirtió cuando le platiqué la historia de que Christian nos había contado que en su casa de la infancia había "fuego en las luces" cuando era un niño antes. Le expliqué que era la primera vez que veía una luz fija de gas, porque la mayoría de las casas en donde vivíamos, en el sur de California, fueron construidas después de 1960.

Mientras estábamos en el porche cerrado de la gran casa blanca en Meadow Lane 9, donde Lou Gehrig vivió con sus padres de 1927 a 1933, Christian pareció perderse en sus pensamientos un momento.

—Aquí es donde Babe Ruth solía fumar —dijo.

Por mi investigación, sabía que Ruth era un visitante frecuente de la casa de Meadow Lane 9 e incluso vivió durante unos años con la familia Gehrig después de la muerte de su primera esposa. También sabía que Babe era bien conocido por su afición a la bebida y al tabaco, pero estos no eran detalles que Christian reconociera.

Cuando nos íbamos, Jimmy nos contó una historia sobre un anciano que le había dicho que cuando era niño solía entregar periódicos a la familia Gehrig en esa dirección. Jimmy dijo que el hombre siempre esperaba que la madre de Lou fuera la que le abriera la puerta porque daba buenas propinas, a diferencia de Lou, que nunca le dio propina y que era conocido por ser un derrochador. Me reí cuando le dije a Jimmy que mi hijo era el único niño que he conocido que devolvía todo lo que compraba con su propio dinero debido a que se arrepentía de gastar. "Los malos hábitos no se quitan fácilmente", bromeó Jimmy, "¿Sabes? esta casa fue una de las grandes compras que hizo Lou Gehrig. Es la única casa que compró".

Antes de ir al aeropuerto para regresar a Los Ángeles, hicimos una parada en Valhalla, Nueva York, donde se encuentran las cenizas de Lou Gehrig y sus padres. Christian estaba serio cuando puso una flor en la lápida de Lou. Incluso Charlotte, que a veces se burlaba de él por decir que era Lou Gehrig, respetó la importancia del momento y agarró la mano de su hermano mientras leía los nombres inscritos en las lápidas. Me pareció irónico que el lugar de descanso final de Christina y Henry Gehrig estuviera a unos cuantos metros de distancia del de la esposa de Lou, Eleanor Gehrig, dadas sus conflictivas relaciones. Fue un momento muy especial e inolvidable para los tres cuando Christian se despidió del

hombre que había consumido su existencia durante los
últimos tres años.

Poco después de que regresamos a casa, uno de los
compañeros de beisbol de Christian lo retó a que participara en el famoso desafío del *Ice Bucket* a favor de la
ELA que estaba muy de moda por todo el país en julio
y agosto de 2014. Charlotte estaba encantada de tener la
oportunidad de vaciarle una gran cubeta de agua helada
a la cabeza de su pequeño hermano, y Christian, que ya
sabía que la ELA había arrebatado la vida de Lou Gehrig,
disfrutó de cada gota.

Las historias de Christian sobre su vida como Lou
Gehrig se redujeron drásticamente después de nuestra
visita al cementerio. Nuestro viaje a Nueva York, originalmente planeado como una expedición para reavivar
los recuerdos de la vida anterior de Christian, resultó
proporcionar la conclusión que yo llevaba esperando
desde la visita del Dr. Tucker hacía cuatro meses; conclusión para Christian y para toda la familia.

Capítulo 20

Recuerdos de la familia

Pues, verás,
últimamente habían pasado tantas cosas raras,
que Alicia comenzó a pensar que pocas cosas
en realidad eran imposibles.
LEWIS CARROLL,
LAS AVENTURAS DE ALICIA EN EL PAÍS DE LAS MARAVILLAS

En el otoño de 2014, parecía que los recuerdos de la vida anterior de Christian habían tomado el segundo lugar después de las actividades habituales de un niño de seis años de edad, como jugar futbol y andar en bicicleta con los niños del barrio. Para mi deleite, de repente dejó de interesarle hablar sobre su vida como Lou Gehrig antes de acostarse. Ahora me pedía que le leyera libros como *Froggy Plays T-Ball* y *Casey at the Bat*. Creo que terminó de enterrar los recuerdos de su vida anterior cuando los chicos del barrio se burlaron de él por decir que era Lou Gehrig. Cuando oí que Christian venía llorando por la puerta principal, salí rápidamente de mi oficina para ver si se había lastimado. Lo encontré sentado en el piso con la cabeza entre las manos y la espalda contra la puerta cerrada. Al preguntarle qué había pasado, jaló aire para respirar y dijo entre lágrimas: "Nadie cree que fui Lou Gehrig".

Sentí que el corazón se me caía al piso cuando me di cuenta de que Christian había compartido ese secreto tan íntimo con sus compañeros de juegos, algunos de los cuales eran cinco o seis años mayores que él. Nunca quise que se avergonzara de hablar de sus recuerdos de la vida anterior, sin embargo, probablemente le habría advertido que otras personas podrían no entenderlo, si alguna vez me hubiera imaginado que declararía públicamente que era Lou Gehrig. Aunque fue desgarrador ver a mi hijo completamente desilusionado, este incidente sirvió para sacar a Christian del pasado y traerlo al presente. Por fin estaba listo para ser Christian Haupt.

También pensé había terminado de explorar mi conexión personal con Christina Gehrig, que había surgido por medio de mis regresiones, hasta que fui a ver a Jeroen por tercera vez y, sin darme cuenta, volví a aventurarme hacia lo desconocido. Jeroen me había ofrecido una regresión de cortesía a cambio de un taller al que yo le había invitado, y decidí aceptar su generosa oferta en noviembre de 2014.

Sin que Jeroen lo motivara, que es su práctica habitual, una vez más terminé en la vida de Christina Gehrig.

La escena no se volvió clara de inmediato, pero cuando me preguntó acerca de mi entorno, las imágenes comenzaron a materializarse. Lo primero que vi fue un perro pequeño al que describí como "un perro macho". Le dije que estaba sentado junto a mí en un "sofá firme" con "respaldo bajo" y bajo mis pies había lo que describí como "una alfombra tejida". Cuando Jeroen me pidió que me describiera físicamente, le dije que era una mujer de piel blanca y ojos azules, con un cuerpo "más grande" y la cara redonda con gafas. Sentí dolor en las manos cuando le dije: "Estoy tejiendo o algo así… Mis manos están un poco cansadas y doloridas. Creo que están un poco viejas. Creo que tienen artritis".

—¿Cómo estás vestida? —preguntó Jeroen.

Con los ojos cerrados miré mi cuerpo. "Un vestido grande, es como una bata… zapatos bajos, no son pantuflas, sino zapatos cerrados". Cada vez que Jeroen dirigía mi atención a algo nuevo de mi entorno, los detalles cobraban vida en mi mente. Preguntó si tenía puesto un sombrero y le respondí: "No, llevo el pelo agarrado, es como un chongo. Tengo el pelo gris".

Cuando Jeroen me preguntó cómo me sentía, dije con un pesar: "un poco triste".

Cambió rápidamente el tema a uno más general.

—¿Cómo está el clima?

—Un poco fresco afuera. Hay una ventana a mi izquierda. Hace frío. Todo se ve un poco congelado.

Jeroen siguió preguntando: "¿El lugar tiene calefacción?". Dije que había un fogón en la esquina de la habitación, una mesita de madera con periódicos y una lámpara de pie cerca del sofá".

Cuando Jeroen me preguntó cómo eran las paredes, respondí: "Son como paredes de yeso y el piso es de madera y hay una especie de plataforma. No en el suelo, un poco más alto".

Recuerdo que miré por la ventana a mi izquierda y vi un patio bastante grande con una entrada de grava a la derecha de la casa y había coches estacionados. Le dije a Jeroen que otras personas vivían en la casa.

—¿Están en la misma habitación?

Describí a una mujer que estaba cocinando en la cocina y sonreí cuando le dije a Jeroen: "Es mi amiga". Jeroen me preguntó a qué olía y le dije, "como a pan. Creo que su familia va a venir a comer". Todavía recuerdo el olor del pan dentro en el horno, como si en verdad hubiera estado ahí. Jeroen me preguntó si vivía con la familia.

—Sí, con la familia.

Jeroen preguntó con suavidad: "¿Y tú, tienes familia?".

—No, tengo a mi perro —dije con una carcajada.

En ese momento me quedó claro que era la misma mujer de buen humor que Jeroen y yo conocimos en mis regresiones anteriores.

—¿Qué haces la mayor parte de tu tiempo? —preguntó Jeroen.

—A veces me entretengo leyendo, tejiendo, haciendo crucigramas.

Cuando me preguntó si hacía alguna actividad fuera de la casa, le dije que a veces manejaba. Describí mi coche como "negro grisáceo, no brilla mucho… la parte trasera es grande… es Ford o Chrysler o algo así". En respuesta a su pregunta de cómo era la casa, le dije: "Tiene revestimiento exterior, como tablillas de madera en el exterior, blanco". Preguntó cuántos pisos tenía la casa y primero dije, "uno", pero inmediatamente cambié de opinión y dije, "no, espera. Hay escaleras, pero yo no subo. Quizá los chicos estén arriba. Las escaleras también son de madera".

Entonces Jeroen preguntó: "¿Qué edad tienen los niños?".

Sentí una cálida sonrisa en mi rostro cuando le respondí, "son dos chicos, como de once y doce, y una niña pequeña. Quizá los chicos tengan diez y doce años. Son buenos. Me gusta estar con la familia… Fueron buenos al acogerme. Me quedé sin dinero. Me queda un poco todavía, pero no es suficiente para una casa. Yo tenía una casa aquí". Le dije a Jeroen que la familia con la que vivía era mucho más joven que yo, pero teníamos en común que también venía de Alemania y también le gustaba el beisbol.

Aquí fue cuando nuestra conversación tocó el tema de la pasión de Christina Gehrig por el beisbol.

—¿Dijiste beisbol? —preguntó Jeroen.

Le respondí: "Creo que los niños juegan en la liga infantil. Voy a ver los partidos cuando son cerca". Mi voz se volvió casi jovial cuando dije: "Me gusta llevar golosinas para los chicos, galletas". Cuando Jeroen preguntó qué tipo de galletas, mencioné con orgullo: "Yo las hago. Son de avena con chispas de chocolate".

Jeroen dijo: "Apuesto a que les gustan".

Asentí con la cabeza y sonreí mientras añadía: "Sí. Esperan que las lleve. No puedo aparecer con las manos vacías. A veces van corriendo a mi coche cuando llego".

Mi estado de ánimo rápidamente se volvió sombrío cuando Jeroen volvió a preguntarme, en tono serio, si tenía familia propia. Un profundo sentimiento de desesperación me envolvió al explicar que tanto mi hijo como mi marido habían fallecido.

—¿Cómo enfrentas tu pérdida?

—La gente todavía lo quiere y me lo dicen todos los días. Piensan en él, en mi hijo. Mi esposo se rindió después de que murió mi hijo.

En respuesta a la pregunta de si tuve otros hijos, le comenté: "Él tenía una esposa, pero era diferente". Mi mente racional me decía que Christina Gehrig no soportaba a la mujer, aunque las palabras que salían de mi boca eran muy amables.

RECUERDOS DE LA FAMILIA

Cuando Jeroen me preguntó si tenía hermanos, le dije que mi padre se había vuelto a casar después de que mi madre murió y tuvo dos hijos, pero que vivían en Alemania.

—Has sufrido muchas pérdidas —dijo Jeroen.

El sombrío estado de ánimo mejoró cuando le dije en broma: "Sí. Mis animales me hacen compañía".

—¿Son más aparte del perro?

—Tuve un par de pájaros. Ahora solo tengo uno.

Le comenté que tenía al pájaro en una jaula grande de hierro cerca del sofá y que "en las noches lo tapo cuando duerme. Ese pájaro lo tengo desde hace mucho tiempo". Dije que algunas veces meto la mano a la jaula y lo saco.

Justo cuando la conversación era trivial, Jeroen preguntó dónde estaban enterrados mi marido y mi hijo. Dije que había que hacer un viaje muy largo para visitar sus tumbas porque estaban enterrados en Nueva York, cerca de donde vivíamos. Fue entonces cuando mi mente racional empezó a cuestionar en silencio si yo solo estaba diciendo cosas que ya sabía; hacía cuatro meses que había visitado la tumba de Lou Gehrig en Nueva York.

—¿Vas tú sola a visitar sus tumbas?

—Sí, voy sola. Ya lo he hecho antes. Siempre hay mucha gente en la tumba de mi hijo. Dejan regalitos para él.

Mi mente cínica había desaparecido cuando una sensación de paz se apoderó de mi cuerpo y dije: "Aún me siento conectada a él. Tengo la sensación de que me cuida". Entonces Jeroen me preguntó si tenía guardado algo que perteneció a mi hijo. Dije: "Tengo un cofre de madera en donde guardo algunas cosas, no son muchas... uniformes viejos, joyas".

Cuando Jeroen me preguntó si mi hijo había dejado mucho dinero, le respondí: "Sí, pero la esposa se lo quedó. A ella le gusta Hollywood. Vive como rica".

—¿En dónde está?

—Quizá en Hollywood —contesté. Mi risa honda le indicó a Jeroen que estaba bromeando. Después respondí a la pregunta, más seria: "No lo sé, quizá esté en Nueva York. No me cae muy bien". Jeroen me preguntó cómo me mantengo y le dije, "el gobierno me da algo de dinero, un poco. Vendí todo lo que tenía. No me queda mucho. Vendí mi casa. Ese dinero no duró mucho".

Volviendo a cambiar de tema, Jeroen me preguntó por la familia con la que vivo. Sobre la mujer que estaba en la cocina, dije con cariño: "Soy como una madre para ella, puesto que ella es más joven. Como que me cuida". Jeroen me pidió que la describiera físicamente y le respondí, "Es bonita. De cuerpo grande, como yo. Cocina mucho, usa vestidos largos como los que yo uso". Me preguntó cómo era su cabello, le dije: "Como castaño con rizos, pero no tiene el pelo en la cara y no usa chongo; es una especie de diadema". Luego, añadí: "No trabaja fuera de la casa. Su marido es el que trabaja".

Cuando me preguntó las edades de los niños por segunda vez, respondí: "Los chicos tienen como diez y once. La niña tiene como siete… Tiene el pelo corto y oscuro". Me sentí orgullosa y sonaba muy feliz al decir: "Mi inglés es muy bueno ahora. Los crucigramas ayudan y todavía recibo *The New York Times*".

—¿Qué secciones te gusta leer?

—Los deportes, todavía los sigo. Y las cosas de la comunidad, como espectáculos y temas parecidos".

Le dije que mi hijo "Louie" me había enseñado mucho.

—¿Estabas con tu hijo cuando murió?

—Recuerdo estar en la habitación, pero no sé si fue cuando murió. Recuerdo haberlo visto inconsciente.

Me preguntó si pude verlo antes de que muriera y le contesté: "Muy poco. Ella apenas nos dejaba verlo. Quería controlar la situación". Recordé con cariño: "Era buen hijo. Era buena persona". Jeroen preguntó si la esposa de Lou se interpuso entre nosotros y dije: "Sí. Ella se hizo cargo. Él solo cedió. La dejó ser la que mandara". Expresé que estaba triste de que nuestra relación hubiera cambiado y añadí: "Ella estaba un poco celosa de mí, así que quería separarlo".

Jeroen me preguntó si tenía objetos para recordar a mi hijo y me sentí mejor al decir: "Muy pocos. Solo ese uniforme y luego esa moneda de Japón. Y unas joyas que me compró, como una pulsera y un collar".

—¿Un collar? —preguntó Jeroen.

—Un colgante de jade. No tengo mucha familia, así que no sé qué hacer con él. No sé a quién dejárselo.

—¿Estás pensando en eso?

—Sí, cuando me muera.

Siguió preguntando: "¿Cuál será tu decisión?". Sin dudarlo, respondí: "Podría dejárselo a la niña, supongo. Quizá tenga que dárselo a su madre para que lo guarde".

Jeroen me indicó que abandonara la escena y fuera al siguiente día importante. Me describí como la madre de dos niños pequeños y le dije que estábamos arreglados.

—¿Es un día especial?

—Sí. Es como un domingo, un día de ir a la iglesia… Siento como si fuera un bautizo.

Le dije que la bebé llevaba un vestido blanco y estábamos caminando por un camino de tierra polvoriento. Íbamos caminando a la iglesia.

—¿Es grande o pequeña?

—Es pequeña. Es una iglesia de una habitación, blanca, sin lujos; es una iglesia luterana, no hay mucha gente, hay muchos alemanes. No vamos siempre, pero vamos hoy por la bebé. Van a bautizarla.

Jeroen preguntó si había alguien más con nosotros y le dije: "Sí. Henry y su mamá… o hermana, me parece. Creo que está de visita solo para el bautizo". Le mencioné a Jeroen que el chico se llamaba Lou.

—¿Ya lo bautizaron?

—Sí, cuando era un bebé. Ahora tiene dos años. Trae pantalones cortos. Es grande. Es un niño grande. Parece de cuatro años. Tiene manos grandes, pies grandes, la cabeza grande. No es gordito; es grande. Es bueno con la bebé. Le gusta tenerla en sus piernas.

—Y ¿cómo llegaron a la iglesia?

—Creo que caminamos, pero al parecer los niños se subieron al carruaje con los caballos. Fue divertido que lo hicieran

—¿Tú no lo hiciste?

—No, cuesta dinero.

—¿Y tienes que tener cuidado con el dinero?

—Sí.

En la escena final de esta sesión de regresión describí que mi viejo y cansado cuerpo estaba acostado en una cama de hospital, justo como lo había visto en mi primera regresión con Jeroen.

—¿Qué aspecto tienes en la cama?

—Un poco vieja, cansada, un poco más delgada que antes.

Mostrando un tímido sentido del humor, añadí con una risa: "Aunque no estoy delgada".

Curioso por a las joyas que había mencionado antes en la regresión, Jeroen preguntó: "¿Qué pasó con las joyas?".

—Creo que se las di.

—¿Qué tipo de joyas eran?

Podía verlas perfectamente en mi mente mientras se las describía a Jeroen: "Un collar de oro con un colgante de jade, y una pulsera, como una pulsera de dijes. Un reloj".

Me preguntó de dónde había sacado las joyas y le dije: "Me las dio Lou. Siempre me traía cosas".

Dándose cuenta del amor en mi voz, Jeroen dijo, "era un buen chico, ¿no?". Suspiré, y le respondí que sí.

Jeroen concluyó la sesión pidiéndome que pensara en la lección de esta vida. Reflexioné un momento y dije: "Aprender a aceptar la pérdida".

—¿Y lo lograste?

—Creo que lo hice bastante bien. No quité el ojo de la pelota —le dije con una risa, mostrando nuevamente el juguetón sentido del humor de mamá Gehrig—. De alguna manera seguí adelante. No me volví amargada.

—¿No te volviste amargada?

—No. Creo que me ayudó siempre estar cerca de los niños.

Jeroen dijo: "¿También van a extrañarte?". Asentí y añadí: "Sí. Quizá a veces era una carga, pero nos divertimos".

Jeroen suavemente me sacó del trance y fue reconfortante ver su rostro sonriente cuando abrí los ojos. Sentí como si nuestro viaje a la vida de Christina Gehrig estuviera completo. Nos dimos un abrazo de despedida y regresé con tiempo suficiente para detenerme en la casa antes de recoger a Charlotte y Christian de la escuela. Corrí a mi oficina y saqué la foto de Lou y Sophie Gehrig que encontré en el Salón de la Fama Nacional del Beisbol. Una ola de emoción se apoderó de mí mientras veía la fotografía con nuevos ojos. Todos estaban vestidos de blanco, parecían sus mejores ropas de domingo. Ahora conocía la historia detrás de la fotografía y tenía una comprensión aún más profunda del amor de Christina Gehrig por sus hijos.

La diferencia entre esta regresión y las anteriores fue que no podía verificar la información que obtuve a través de la investigación, sino solo por la muy remota posibilidad de encontrar a esta familia que vi con tanta claridad mientras estaba bajo hipnosis, si de hecho existían y aún estaban vivos. Puesto que la madre de Lou Gehrig murió en 1954, exactamente 60 años antes, los niños que describí ahora tendrían alrededor de 70 años, lo que significaba que los padres probablemente tendrían unos 90 años. Encontrar a los tres niños que había visto tan claramente durante la sesión de hipnosis se convirtió en mi nueva obsesión. No solo ignoraba si tal familia existía en la vida real, sino que tampoco tenía idea de cómo se apellidaba la familia porque Jeroen no me lo preguntó durante la sesión.

Después de regresar a casa de recoger a los niños, comencé mi investigación. Examiné los documentos que copié en la Biblioteca del Salón de la Fama Nacional del Beisbol y encontré una carta fechada dos semanas después de la muerte de Christina Gehrig, en 1954. La carta fue escrita por un empleado del Salón de la Fama Nacional del Beisbol dirigida a un hombre llamado Sr. George Steigler, que parecía ser un amigo de la señora Gehrig:

> Estimado Sr. Steigler:
> Las fotografías y sus negativos, solicitados por usted, se le están enviando hoy. Esperamos que usted, su familia y sus amigos las disfruten.

Si el Salón de la Fama Nacional del Beisbol se tomó la molestia de enviar las fotografías de Christina Gehrig a la familia Steigler, asumí que debían haber sido personas importantes en su vida. Mi búsqueda en línea reveló un obituario para la esposa de George K. Steigler, Laurel Steigler, que había fallecido solo cinco meses antes, a los 95 años de edad. El obituario mencionaba a los hijos que le sobrevivieron, una hija llamada Jill, que era agente de bienes raíces en Connecticut, y un hijo llamado Kenneth, que era pastor en Carolina del Norte. ¿Podría tratarse de la niña de siete años y el niño de diez años que vi en mi regresión? Todavía estaba atónita sobre mi descripción de tres niños en la casa porque el obituario solo mencionaba a dos niños.

Al ser un agente de bienes raíces, y teniendo en cuenta la horrible experiencia de hablar sobre los recuerdos de la vida pasada de Christian con nuestro pastor, decidí llamar a Jill. Cuando contestó rápidamente, le expliqué que estaba investigando sobre Lou Gehrig y su familia. Jill confirmó enseguida que la madre de Lou Gehrig sí había vivido con su familia cuando era niña. Por desgracia, no recordaba detalles específicos de Christina Gehrig, pero recordaba que era una mujer dulce y estoica.

Mientras escuchaba su voz, me imaginaba a Jill como la niña de pelo corto y oscuro de mi regresión. Dijo que su hermano Ken, que era tres años mayor que ella, seguramente recordaría más detalles sobre la época en que mamá Gehrig vivió con ellos. Casi me ahogo cuando Jill dijo que su hermano era tres años mayor que ella, porque coincidía a la perfección con las edades de la niña de siete años y el niño de diez años de edad que había visto y le describí a Jeroen. Cuando nuestra conversación llegó a su fin, controlé el impulso de preguntarle si había heredado una pulsera de dijes y un collar de jade de Japón que había pertenecido a Christina Gehrig porque temí asustarla para siempre. Esa pregunta era demasiado personal para hacerla durante la primera llamada por teléfono, pero sabía que llegaría el momento en que me atrevería a preguntar por las posesiones más queridas de la madre de Lou Gehrig.

Capítulo 21

Un regalo del cielo

La ciencia es incapaz de resolver el misterio más grande de la naturaleza.
Y se debe a que, en el análisis más importante,
nosotros mismos somos una parte
del misterio que estamos intentando resolver.
MAX PLANCK

Pasaron dos meses antes de que reuniera el valor para localizar al reverendo Kenneth Steigler. Por más curiosidad que tuviera por saber si tenía algún recuerdo de que Christina Gehrig viviera con su familia a principios de los años cincuenta, mis temores sobre su posible reacción a nuestra historia no me permitieron actuar. En lugar de pedir a la hermana del reverendo Kenneth que me diera su información de contacto, decidí buscarlo a través de Internet. Mi búsqueda del reverendo Kenneth Steigler me llevó a un artículo en *Christianity Today* titulado "Good News for Witches" (Buenas noticias para las brujas), que narra su acercamiento a las brujas como pastor principal de la Iglesia Metodista Unida de Wesley en Salem, Massachusetts.

Según el artículo, el reverendo Kenneth y su congregación de 265 miembros hicieron todo lo posible para dar la bienvenida a las brujas con los brazos abiertos, particularmente en el mes de octubre, una época del año en que la ciudad está inundada de turistas, fiestas y curiosos de la brujería y brujas comprometidas que consideran Halloween como su día sagrado. Había una cita del reverendo Steigler que decía: "Si diez personas se van de Salem pensando, 'hay una iglesia que me dio la bienvenida, que me amó, con todo y mis amuletos y todas mis cosas', entonces todo habrá valido la pena". También encontré una biografía del reverendo Kenneth donde decía que trabajó con el Dr. Martin Luther King Jr. a los 20 años cuando era un estudiante del seminario, y recientemente había organizado numerosos viajes a la Universidad Hebrea de Jerusalén en Israel, donde trabajaba actualmente en una tesis doctoral sobre teología bíblica. Sonaba a un hombre que había visto casi todo y me dio la esperanza de que no se sorprendiera por nuestra historia.

El siguiente punto en mi agenda de superdetective fue revisar el sitio web de la Iglesia Metodista Unida de Salem Wesley. Me saqué la lotería cuando encontré un tráiler del documental del reverendo Kenneth, *Praying for Salem* (*Orando por Salem*), sobre su acercamiento a las brujas. Después de verlo hablar en el video, mi intuición me dijo que este hombre de fe era una persona muy cariñosa con un sincero compromiso de servir a los demás.

Después de que mi llamada a la iglesia fuera recibida por la contestadora, decidí contactar a un hombre con el nombre de Dimitris, quien fue incluido como persona de contacto en el video de *Praying for Salem*. Cuando le dije a Dimitris que el propósito de mi llamada era conseguir el número de teléfono del reverendo Kenneth, exclamó con júbilo: "¡El pastor Ken es el hombre más maravilloso del planeta; yo no estaría vivo para contestar este teléfono si no fuera por él!".

Dimitris me contó que las reconfortantes palabras del pastor Ken le dieron la voluntad de vivir en un momento difícil en su vida, hacía doce años, cuando había perdido a su hijo y consideraba la idea de suicidarse. Según Dimitris, Ken era pastor emérito de la iglesia de Salem donde había sido pastor principal desde hacía dieciséis años. Dimitris me dijo que el pastor Ken y su esposa, Marilyn, ahora vivían en Carolina del Norte. Describió a su querido amigo como un hombre al que nunca le faltaba una sonrisa en la cara, un hombre que era amado y reverenciado por su congregación. Dijo que era famoso por contestar siempre su celular a todo aquel que lo necesitara, a cualquier hora del día o de la noche. Dimitris me dio el número del celular del pastor Ken y sus últimas palabras antes de colgar fueron: "Espero que cuando me encuentre con Dios en el cielo, se parezca mucho al pastor Ken".

Tal como aseguró Dimitris, el reverendo Ken respondió a mi llamada en el primer tono. No quise asustarlo de inmediato; comencé la conversación diciéndole que estaba investigando la vida de Christina Gehrig para un libro que estaba escribiendo. Por mucho que quisiera compartir el verdadero motivo de mi llamada, decirle a un pastor que tu hijo piensa que era Lou Gehrig en una vida anterior y que quieres saber si su familia heredó joyas de la madre de Lou Gehrig, no es algo que salga fácilmente de tu boca. Pronto fue obvio que hablar de "Mamá Gehrig", como Ken la llamaba, era uno de sus pasatiempos favoritos. Estaba asombrada por los maravillosos recuerdos que con tanto entusiasmo compartió conmigo de esta mujer que fue "como una abuela" para él. Sentía como si estuviera describiendo las escenas salidas de mis regresiones cuando mencionaba detalles sorprendentemente congruentes con lo que había visto y descrito mientras estaba en trance.

El pastor Ken recordó con alegría ir como pasajero en el gran coche negro de mamá Gehrig, el cual dijo que conducía como un tanque, cuando lo llevaba a los partidos de los Yankees cuando era niño. Supuso que en ese momento el coche tenía casi 20 años de antigüedad. Ken recordó con cariño que entró por la entrada trasera privada del estadio y estaba asombrado cuando los aficionados de los Yankees gritaron: "¡Ahí viene mamá Gehrig!". Con el motivo oculto de explorar la exactitud histórica de las cosas que vi y dije bajo hipnosis, le pregunté al pastor Ken si cuando era niño jugó alguna vez en la liga infantil. Él se rio y dijo: "¡Sí! A pesar de que estaba lejos de ser el mejor jugador del equipo, mamá Gehrig siempre estuvo apoyándome desde las gradas".

Unos segundos después, me tenía muerta de la risa mientras me contaba historias sobre el pájaro de mamá Gehrig, Polly. Ken dijo que antes de que mamá Gehrig se mudara con su familia, ella vivía no muy lejos en su propia casa y él iba en bici una vez a la semana a cortarle el pasto. Un día llamó a la puerta para avisarle que había llegado y oyó que una voz que sonaba exactamente como la de mamá Gehrig le decía: "¡Ya voy!". Después de quedarse unos minutos esperando que le abriera la puerta, se dio cuenta de que la voz era de Polly haciéndole una broma. Dijo que mamá Gehrig siempre tenía que tapar la jaula de Polly en las noches para que se durmiera, porque el pájaro era un experto en repetir las conversaciones que había oído e imitaba la voz de la persona que hablaba.

El pastor Ken recordó haber escuchado historias de que tapar la jaula del pájaro era especialmente importante en la época en que Lou jugaba para los Yankees, porque Polly era un experto en aprender el lenguaje grosero de los compañeros de equipo de Lou, que visitaban con frecuencia la casa de los Gehrig. Le pregunté a Ken si el pájaro también vivía en su casa y me dijo que mamá Gehrig tenía la jaula de Polly en una mesita en la sala de estar.

—Pero mamá Gehrig era la única que se atrevía a meter la mano en la jaula, porque Polly tenía la costumbre de morder —dijo.

Me moría de ganas de decirle a Ken que durante mi regresión había visto al pájaro en una jaula en su sala de estar, pero no sentí que fuera el momento adecuado. Ambos estábamos muy divertidos recordando a mamá Gehrig.

Luego me habló del perro salchicha de mamá Gehrig, que se llamaba Monkey, que también había llegado a vivir con su familia. Ken recordó que mamá Gehrig era una mujer cálida, cariñosa, pero desafortunadamente su perro, Monkey, no era tan amistoso. Según Ken, el perro le gruñía a cualquiera que intentara acercarse a ella.

—Tal vez por eso la gente pensaba que mamá Gehrig era arisca, pero yo no recuerdo que lo fuera en absoluto. Aunque Ken recordaba que mamá Gehrig hablaba bien inglés, dijo que ella usaba su lengua materna alemana para hablarle a su anciano perro salchicha. Se rio como niño al imitarla cuando decía, *essen sie* para que el perro comiera y *machen sie schnell* para que el perro viniera.

Era como si el pastor Ken estuviera recitando las transcripciones de mi regresión cuando me dijo que mamá Gehrig era como una madre para su madre, Laurel, que tenía 36 años de edad. Ken me dijo que el profundo vínculo entre las dos mujeres se forjó a través de que ambas eran discriminadas por los empleados de las tiendas debido a su herencia alemana, en los tiempos en que eran vecinos y amigos en la ciudad de Nueva York.

Según los recuerdos de Ken, mamá Gehrig vivió con su familia durante los últimos dos o tres años de su vida. Le pregunté a Ken cuántos años tenían él y su hermana en ese momento y respondió: "Yo debo haber tenido unos diez años cuando se mudó con nosotros, lo que significa que mi hermana habría tenido siete en ese momento". Eran las edades exactas que informé cuando estaba bajo hipnosis. *¿Cómo era posible que esta información precisa y detallada sobre de los niños, sus edades exactas, hubieran llegado a mí durante mi regresión?* Yo creo que Ken pensó que era un poco extraño cuando le pedí que describiera cómo era el cabello de su hermana cuando era niña, pero me pareció aún más extraño cuando me dijo que tenía el pelo corto y oscuro, tal como lo había descrito y visto tan claramente en mi regresión.

Le pregunté a Ken si se acordaba de que mamá Gehrig tejiera, hiciera crucigramas y leyera *The New York Times*, y todas las respuestas fueron positivas. Me dio más detalles sobre su pasatiempo de tejer con gancho cuando me contó que él y sus amigos habían encontrado una caja con las cosas de mamá Gehrig en el ático, y se habían reído hasta llorar cuando descubrieron un enorme brasier que ella tejió con gancho en el que cabían dos balas de cañón. Cuando nos dimos cuenta de que llevábamos más de una hora hablando por teléfono, Ken y yo acordamos terminar la llamada y quedamos en hablar la semana siguiente.

Sabía que no podía entablar otra conversación con el reverendo Ken sin confesarle la fuente de mi curiosidad sobre su abuela postiza, Christina Gehrig. Por más que me hubiera gustado escuchar sus pintorescos cuentos sobre mamá Gehrig, había llegado el momento de confesar mis verdaderas intenciones y arriesgarme a perder nuestra incipiente amistad para siempre. El reverendo Ken había confirmado muchos de los detalles de mi regresión sin siquiera saberlo, pero yo necesitaba que supiera la verdad para que pudiera tomar la decisión consciente de seguir teniendo conversaciones o salir huyendo de esta vieja loca de California, en donde te encuentras de todo.

Durante los días previos a la siguiente llamada, me esforcé pensando en cómo iba a soltarle al reverendo Ken la noticia de los recuerdos de la vida pasada de Christian y de mis propias regresiones. Cuando llegó el momento, toda mi cuidadosa planificación valió un cacahuate. En cuanto escuché el cariñoso saludo del reverendo Ken del otro lado de la línea, dije: "La semana pasada, cuando hablamos, te dije que estaba escribiendo un libro sobre Lou y Christina Gehrig, pero tenía miedo de decirte por qué estoy tan interesada en contar su historia. Lo que estoy a punto de decirte puede dejarte con la boca abierta…"

El reverendo Ken escuchó con paciencia mientras yo soltaba sin respirar la secuencia de los acontecimientos que me habían llevado a él: las declaraciones de Christian sobre su vida pasada, su desprecio por Babe Ruth y su encuentro con el Dr. Tucker, quien sin darse cuenta me condujo a las regresiones con Jeroen, y directo a su hogar de la infancia. Las palabras salieron de mi boca como un elixir que salvaría mi alma. Era la confesión de la vida y este santo hombre del otro lado de la línea se había convertido en pieza clave para mi salvación.

Expresé que temía "engañar a Jesús" con la sola idea de considerar el concepto de reencarnación, y me aseguré de decirle que Jeroen había quemado salvia y creado un "cono de luz" antes de las sesiones de hipnosis. Compartí con el pastor Ken el tormento que había vivido cuando el correo electrónico de mi pastor me había hecho preguntarme si el cuerpo de mi hijo estaba habitado por el espíritu de una persona muerta.

La desesperación de mi voz debió de sonar como una llamada desesperada de auxilio. Durante mi monólogo, me ofrecí a enviarle las grabaciones y transcripciones de mis regresiones hipnóticas y dije que esperaba que él pudiera arrojar algo de luz sobre nuestra situación tan peculiar. Cuando me detuve para respirar, le pregunté: "Entonces, ¿qué piensas?". Aguanté la respiración mientras esperaba su respuesta.

El pastor Ken rompió el silencio diciendo: "¡Es fascinante! No creo en la reencarnación debido a mi fe", agregó: "pero sí creo que este es un ejemplo de sabiduría y conocimiento que no puede provenir de la experiencia racional. Es información que viene de estar en el flujo del canal de Dios". Continuó: "Esta sabiduría y conocimiento son permitidos por el Señor. Es a través de la voluntad de Dios que esta información vino desde otra dimensión, una dimensión que no siempre vemos a través de nuestros ojos terrenales".

Sentí que toda la tensión que había estado cargando se escapaba de mi cuerpo mientras me llenaba de una sensación de paz. Las palabras del reverendo Ken me permitieron soltar por fin la batalla de creencias que había llevado en la mente durante los últimos tres años y medio. Sus amorosas palabras eran el antídoto contra el miedo y la culpa que habían hundido sus garras en mi corazón.

Cuando llamé originalmente al reverendo Ken pensaba que mi único propósito era averiguar si los detalles que habían surgido durante mi regresión coincidían con sus recuerdos. Nunca me imaginé que este hombre sería la respuesta que había estado buscando desde el principio. Sus palabras llenas de gracia me hicieron reconocer que este viaje en el que habíamos estado durante los últimos tres años y medio era sagrado y santo, y no era algo para avergonzarse. Por fin podía perdonarme por "engañar a Jesús". Claro que el reverendo Ken no era un creyente de la teoría de la reencarnación, pero no estaba buscando que la validara. Yo estaba buscando tranquilidad y la había encontrado en una llamada telefónica común, a la mitad del día mientras mis hijos estaban en la escuela. Sentí como si el reverendo Ken fuera verdaderamente un regalo del Cielo.

Ken explicó con más detalle su teoría sobre lo que Christian y yo habíamos experimentado. Dijo que no le sorprendía el hecho de que los niños que experimentaron lo que el Dr. Tucker llama recuerdos de vidas pasadas tuvieran entre dos y siete años de edad.

—Es el momento en que los niños están más en contacto con la dimensión espiritual que los adultos; los niños que ya van a la escuela no son capaces de ver con claridad —mencionó.

En su opinión, Christian estaba canalizando la información de Lou Gehrig y yo estaba canalizando la información de mamá Gehrig, porque estas dos almas buscaban la terminación en su relación. No me parecía necesario saber si era "canalizar", como el pastor Ken lo llamó, o "recuerdos de vidas pasadas", como teorizó el Dr. Tucker. Lo que sí sabía con certeza era que Lou Gehrig y su madre, Christina, habían tocado nuestras vidas de una manera hermosa y profunda, y yo había encontrado un nuevo amigo y mentor en el reverendo Ken.

Una vez que concluimos nuestra profunda y filosófica discusión, Ken y yo volvimos a reír y recordar a mamá Gehrig. Dijo que hacía la mejor sopa de chícharos que había probado en toda su vida. Se sorprendió cuando le conté mi extraño antojo de sopa de chícharos cuando estaba embarazada de Christian. Ken fue capaz de confirmar que la distribución de la casa en la que vivió cuando era niño era coherente con la manera en que describí su casa mientras estaba bajo hipnosis. Era una casa de dos pisos con revestimiento blanco, un camino de grava y una sala con ventanas que daban al patio delantero. Dijo que su habitación estaba arriba, tal como había informado. No recordaba dónde dormía mamá Gehrig, pero tenía recuerdos vivos de ella sentada en el sofá de la sala con sus periódicos y crucigramas.

Dejé la pregunta más importante para el último y saqué el tema diciendo: "Cuando hablaba en primera persona como Christina Gehrig durante la regresión hipnótica describí las joyas que mi hijo Lou me había dado que yo quería darle a tu familia". Le dije a Ken que yo había expresado específicamente que quería darle un collar y una pulsera de dijes de Japón a la pequeña de siete años, pero que quizá tendría que dárselos a su madre para que los guardara hasta que fuera un poco más grande. Dije: "También mencioné un reloj".

Ken me dijo emocionado que mamá Gehrig sí le había heredado un reloj de hombre que originalmente perteneció a Lou Gehrig. Dijo que el reloj fue un regalo del Tercer Reich para Lou Gehrig. Ken explicó que había vendido algunos de los demás artículos que heredó de mamá Gehrig en una subasta: el pasaporte de Lou, su anillo de bodas y pertenencias. Usó el dinero para comprar una cabaña en un prístino lago en New Hampshire, a donde él y su esposa, Marilyn, van de vacaciones cada verano. Ken expresó su profunda gratitud a mamá Gehrig por el reloj, la cabaña y por la beca que le había dado cuando nació, en 1941, el mismo año en que Lou Gehrig había muerto.

Logré reprimir mi total incredulidad cuando el pastor Ken me dijo que las joyas de mujer de Japón estaban entre las herencias que mamá Gehrig heredó a su familia.

—Nos dijeron que Lou había comprado las joyas para su mamá durante un viaje a Japón. Mi hermana Jill las tiene.

Estaba feliz por oír que la hermana de Ken tenía estos artículos, exactamente como había querido cuando estaba bajo hipnosis. Según el pastor Ken, las joyas estuvieron guardadas durante los últimos 60 años en una caja fuerte que su padre había construido debajo su casa, porque el costo del seguro de las joyas era más de lo que su familia podía permitirse. Ken dijo que las joyas estuvieron casi todo el tiempo en la caja fuerte, con la excepción de algunas ocasiones especiales en las que su madre usaba alguna cuando organizaba fiestas en su casa. Me dijo que nadie fuera de su familia más cercana y unos cuantos amigos íntimos tenían conocimiento de las joyas que habían heredado de mamá Gehrig porque sus padres eran muy discretos al respecto. Escuchar que las joyas que había descrito bajo hipnosis estaban en posesión de la familia Steigler me demostró de una vez por todas que la información que obtenía durante mis regresiones era realidad.

Al final de nuestra conversación, Ken aceptó educadamente mi oferta de enviarle por correo electrónico las grabaciones de audio y las transcripciones de mis regresiones. Le deseé suerte en el evento que tenía al día siguiente, donde daría un discurso para promover la armonía interracial en la comunidad de Wake Forest, y le pregunté si estaría dispuesto a terminar la llamada con una oración. No recuerdo las palabras exactas de su bendición, pero cuando colgamos, sentí como si estuviera flotando en el aire. En los meses siguientes continuamos nuestras conversaciones telefónicas y desarrollamos una sincera amistad basada en la adoración y el respeto que ambos sentíamos por Christina "Mamá" Gehrig. Y siempre terminábamos nuestras llamadas telefónicas con una oración.

Capítulo 22

Encontrando a mamá Gehrig

En el beisbol no hay cabida para la discriminación.
Es nuestro pasatiempo nacional
y es un juego para todos.
LOU GEHRIG

En febrero de 2015, casi un año después de tener contacto con el reverendo Ken, Christian y yo nos fuimos a Milford, Connecticut, para visitar los lugares a los que mamá Gehrig solía ir cuando vivía con la familia Steigler. Mientras Christian y yo nos preparábamos para nuestro viaje a la costa este, el reverendo Ken y su esposa Marilyn se preparaban para asistir a la reunión de los 50 años de su histórica marcha al lado del Dr. Martin Luther King Jr., de Selma a Montgomery, Alabama, en 1965. Por nuestras conversaciones supuse que el viaje a Selma sería un peregrinaje importante para Ken porque las imágenes gráficas del Domingo Sangriento se habían grabado para siempre en su memoria. El día que Christian y yo nos fuimos a nuestra propia peregrinación, el pastor Ken me envió un artículo de un periódico de Carolina del Norte en el que documentaba sus recuerdos de la marcha de Selma a Montgomery.

El artículo explicaba que Ken Steigler, un estudiante del seminario en la Escuela de Teología de la Universidad de Boston, de 23 años de edad, reunió a 80 compañeros y se subieron a un autobús que se dirigía al Sur Profundo para defender los derechos al voto de los afroamericanos en medio de un peligroso alboroto social. Le dijo al reportero que la experiencia de escuchar personalmente la compasión que el Dr. King sentía por los adversarios del Movimiento por los Derechos Civiles, incluso por el Ku Klux Klan, había causado una impresión duradera en la forma en que él practica la religión en su vida cotidiana. Gracias a mis interacciones con el pastor Ken sabía que una gran parte de su trabajo en la Iglesia Metodista Unida de Wake Forest y en la Iglesia de Todas las Naciones en Raleigh estaba dedicado a fomentar la armonía interracial, una causa que siempre he sentido cercana y querida.

Cuando Christian y yo llegamos al aeropuerto de Hartford, Connecticut, un poco antes de la medianoche, nos encontramos con unas temperaturas bajas sin precedentes y sin maletas. Me preocupó un poco que no tuviéramos ropa caliente o abrigos, pero más me angustiaba el hecho de no tener conmigo el diente de tiburón que empaqué en nuestra maleta perdida para que el ratón de los dientes dejara debajo la almohada de Christian. Su diente flojo estaba a punto de caérsele, y ciertamente se daría cuenta si al ratón de los dientes se le olvidara darle un diente de tiburón a cambio del suyo; era una antigua tradición familiar. Me emocionó la generosidad de una mujer en el área de entrega de equipaje que me dio una chamarra que tenía sobre la espalda cuando se dio cuenta de que nuestro equipaje no aparecía por ninguna parte. Su gesto provocó que un señor que estaba cerca envolviera a Christian con una cálida cobija, quien me había convencido de que lo dejara usar shorts para el viaje al frío Connecticut. Fue la primera vez que añoré los días del pasado, en los que nuestro hijo solo quería usar pantalones de beisbol todos los días. Todavía se negaba a usar pantalones largos a menos de que fueran pantalones de beisbol, pero poco después de su cumpleaños añadió shorts a sus opciones de vestuario. La mujer que me dio su chamarra me susurró al oído: "No sé cuáles sean tus creencias religiosas, pero Jesús te ama". Y así, este ángel terrenal desapareció entre una nube de nieve.

Después de dormir a pierna suelta y unas compras compulsivas patrocinadas por American Airlines, Christian y yo hicimos una hora en coche a Milford, Connecticut, para visitar la casa de la infancia del reverendo Ken, donde mamá Gehrig vivió con su familia durante los últimos años de su vida. Cuando estábamos a punto de llegar a nuestro destino, Christian gritó: "¡Oye, mira, una familia de muñecos de nieve!". Al ver su emoción, me detuve para que viera de cerca a las curiosas criaturas hechas de nieve. Le pregunté a Christian si se acordaba que habíamos hecho un muñeco de nieve en nuestro viaje familiar a Mammoth Mountain cuando tenía tres años. Me sorprendió cuando dijo que no recordaba haber estado en la nieve. Mientras posaba sonriendo para una foto con las cuatro criaturas de nieve, dijo: "Ellos tienen una familia de cuatro personas, como nosotros, pero en la familia de Lou Gehrig solo había tres". Yo jamás había hablado con Christian sobre los detalles de la vida de Lou Gehrig, así que me sorprendió que asegurara que Lou Gehrig era hijo único. Me reí entre dientes ante la ironía de que Christian recordara cosas de la vida de otra persona, pero no podía acordarse de momentos de su propia vida.

Aunque la antigua casa de los Steigler estaba a solo un par de casas de nuestra aventura con los muñecos de nieve, decidí que recorriéramos esa corta distancia en el coche, debido a la gran cantidad de nieve que caía del cielo. La casa de dos pisos me parecía extraordinariamente familiar: el revestimiento blanco que con tanta claridad vi bajo hipnosis, el camino de grava donde dije que solía estacionar mi coche, y la gran ventana por la que miraba hacia el exterior mientras estaba sentada en el sillón de la sala. En mi mente, vi a mamá Gehrig sentada en el sillón, haciendo crucigramas, tejiendo y leyendo el

New York Times; actividades que el reverendo Ken había confirmado que le encantaba hacer. Parada en el patio delantero de mi paisaje histórico personal, sentí como una especie de vuelta al hogar. No tocamos el timbre porque el vecino de junto, que nos vio frente a la casa, nos informó que los dueños habían salido de la ciudad.

La siguiente parada fue el campo cubierto de nieve de la liga infantil donde, durante mi regresión, describí que mamá Gehrig llevaba galletas para los niños, los mismos campos donde iba a ver al pastor Ken jugar beisbol hace más de 60 años. Detrás de la valla del campo cubierto de nieve había una placa en honor a Christina "Mamá" Gehrig con fecha de 1954, el año que murió. Antes de salir a Connecticut, me había puesto en contacto con el presidente de Lou Gehrig Little League, en Milford, para ver si él podría ayudarme a localizar a alguien que hubiera jugado beisbol en la liga durante la década de 1950, cuando mamá Gehrig vivía en Milford.

Le dije que esperaba entrevistar a los jugadores de la liga infantil que hubieran conocido a mamá Gehrig para un libro que estaba escribiendo. "Es probable que tengan alrededor de setenta años", dije. El presidente de la liga infantil no sabía de nadie, pero me refirió al entrenador Kipp Taylor, quien era el experto en la historia de mamá Gehrig en la pequeña ciudad costera.

—El entrenador Kipp fue el único responsable de conservar el recuerdo de Lou y mamá Gehrig en la co-

munidad local —agregó—, cuando convenció a la liga
de no quitar el *Lou Gehrig* de su nombre hace unos años.

Mi llamada al entrenador Kipp reveló que, además
de ser un entrenador de beisbol juvenil durante muchos
años, Kipp también había sido presidente durante varios años de la Lou Gehrig Little League, un generoso
acto de amabilidad que era todavía más grandioso por
el hecho de que Kipp no tuvo hijos. Kipp, de cincuenta
años, era demasiado joven como para haber conocido a
mamá Gehrig, pero el amor y el respeto que sentía por
esta mujer brillaban en cada palabra que decía sobre ella.
Había encontrado milagrosamente a alguien que estaba tan enamorado de mamá Gehrig como yo. Kipp me
contó que recientemente se había encargado de pintar la
placa en honor a mamá Gehrig que Christian y yo vimos
en el campo de la Lou Gehrig Little League porque la
inscripción ya no era fácil de leer. Unos días antes de que
nos fuéramos a Connecticut, Kipp me sorprendió con la
buena noticia de que había encontrado a un exjugador
de 75 años de la Little League, llamado Ken Hawkins,
que estaba dispuesto a reunirse con nosotros.

El martes a las 5 de la tarde me reuní con Kipp en
la Biblioteca Pública de Milford para que pudiéramos
conocernos antes de que llegara el Sr. Hawkins. Cuando
Christian y yo entramos en la biblioteca, se nos acercó
un alegre hombre con hoyuelos marcados y una sonrisa
contagiosa.

—Hola, ¿ustedes son Cathy y Christian? —se presentó como el entrenador Kipp, un apodo que se había quedado con él por sus muchos años de entrenamiento y enseñanza.

Subimos a una zona aislada de reuniones donde podíamos hablar sin molestar a los que habían ido en busca de tranquilidad a este punto de referencia en el centro de la ciudad. Christian jugó partidos de beisbol en su iPad mientras el entrenador Kipp me enseñó los muchos recortes de noticias sobre mamá Gehrig que había impreso hacía algunos años a partir de una microficha, cuando estaba tratando de convencer a la junta de directores de la liga infantil de no quitar *Lou Gehrig* del nombre de la liga. Una hora después, que pasó volando, sonó el teléfono de Kipp y se excusó para ir por Ken Hawkins al vestíbulo de la biblioteca.

Cuando Ken Hawkins entró con Kipp a la habitación, me levanté para darle la mano y de inmediato me sorprendió su apariencia carismática y su voz suave. Intercambiamos tarjetas de presentación y nos pareció chistoso que ambos fuéramos agentes inmobiliarios residenciales. El entrenador Kipp y yo nos asombramos cuando Ken comenzó la conversación diciendo: "mi familia era muy cercana a mamá Gehrig…"

El señor Hawkins nos explicó que mamá Gehrig y su padre, Ellsworth, eran muy buenos amigos y fundadores de la liga infantil local. El entrenador Kipp y yo nos quedamos con la boca abierta; era una nueva revelación.

Esta antigua estrella de la liga infantil nos dijo que mamá Gehrig era una habitual en las gradas de los campos de la liga infantil. Ken recordó:

—No se perdió un solo partido de liga infantil hasta el día que murió. Nada la hacía más dichosa que un día en el campo de beisbol.

Ken abrió una carpeta que había traído y nos entregó un artículo que mencionaba a su padre, Ellsworth Hawkins, entre los portadores del féretro en el entierro de Christina Gehrig. El artículo decía:

> Y en el deseo expreso de esta mujer, a quien las palabras "¡Primer bateador!" anunciaban lo que más le entusiasmaba, muchos de sus amigos donaron dinero a la liga infantil en lugar de enviarle flores a su funeral.

Ken seguía sacando recortes de noticias y fotos, y el entrenador Kipp y yo estábamos como niños en una tienda de dulces. Incluso Christian se interesó tanto en nuestra conversación, que apartó la vista de su iPad mientras Ken Hawkins hablaba de mamá Gehrig.

Entre los artículos también había una foto de mamá Gehrig y el padre de Ken, Ellsworth Hawkins, en una ceremonia para cambiar el nombre a la Lou Gehrig Little League, en 1952. Otro recorte aseguraba que mamá

Gehrig había heredado 500 dólares a la liga después de su muerte. El artículo decía que la señora Gehrig había sido parte de la mesa directiva desde el comienzo de la liga y "nunca faltó a un partido". Mi artículo favorito de todos fue una historia sobre el pequeño Kenny Hawkins caminando a *home* con las bases llenas durante la última entrada del campeonato de las estrellas del distrito, en 1951. El artículo describió que Kenny tenía dos *strikes* en su cuenta y después pegó un gran jonrón al otro lado de la cerca y ganaron el partido. Ken Hawkins compartió el recuerdo de que mamá Gehrig estaba sentada en las gradas ese día y aplaudía la victoria de su equipo.

Al igual que el reverendo Ken, Ken Hawkins también vivió la experiencia única de ser invitado de mamá Gehrig a los partidos de los Yankees de Nueva York cuando era un niño.

—Creo que la señora Gehrig era la mamá más famosa de las Ligas Mayores de Beisbol —dijo Ken.

Nos contó que los jugadores de los Yankees estaban tan emocionados de verla en el estadio antes de los partidos que saltaban la valla detrás de la caseta para llenarla de abrazos. El señor Hawkins dijo que mamá Gehrig era "mamá" para todos los que la conocían, e incluso para los que no la conocían. También recordó que nunca se quedaba con hambre cuando mamá Gehrig estaba alrededor.

—Siempre traía una gran canasta de picnic con sándwiches y otras golosinas que ella había preparado —dijo con una sonrisa.

En el momento de despedirnos, Ken Hawkins me regaló un fólder con los artículos, una copia del contrato de Lou Gehrig de 1933 con los Yankees de Nueva York y una foto de Babe Ruth y Lou Gehrig que mamá Gehrig había firmado para él. Los tres hablamos sobre la ironía del legado de mamá Gehrig a la liga infantil, puesto que al principio quería que su hijo renunciara al beisbol para ir a la universidad y convertirse en ingeniero. Ken nos dijo que mamá Gehrig había donado una placa hecha de granito vermont para la Milford Little League rebautizada como Lou Gehrig el 29 de junio de 1952, dos años antes de su muerte. Dijo que la ceremonia fue un asunto importante y habían asistido el comisionado de las Ligas Mayores de Beisbol, Ford Frick, y el fundador de la Liga Infantil de Beisbol, Carl E. Stotz.

Cuando llegó el momento de decir adiós, abracé a Ken y le dije: "Apuesto a que eras el favorito de mamá Gehrig". Me sorprendieron las palabras que salieron de mi boca, pero de alguna manera sabía que era verdad. La sonrisa infantil de Ken me hizo sentir como mamá Gehrig por un momento, hablando con un querido amigo que era mucho más joven que yo. Esa noche, al manejar de regreso al hotel, me pregunté si Ken Hawkins podría ser el otro chico que describí en mi última regresión.

Nuestra maleta apareció por fin en el hotel un día antes de que nos regresáramos a Los Ángeles y, por suerte, el diente flojo de Christian decidió caerse ese mismo día. Toda la semana estuvo preguntándome si el ratón de los dientes iba a poder encontrarlo en Connecticut y dejarle un diente de tiburón, y por suerte sí lo encontró. Esa tarde, metí la mano en el bolsillo de la chamarra que me había mantenido caliente durante toda la semana y me llené de alegría al encontrar un talonario con un número de teléfono escrito. Cuando marqué el número, la amable voz del otro lado de la línea me informó que ella era la hermana de la mujer cuyo nombre estaba en el talonario. Cuando le dije que me gustaría mandarle la chamarra a su hermana y agradecerle su amabilidad, me confirmó que la dirección que aparecía en el talonario era la dirección correcta. Después de una parada en la oficina de correos para enviar la chamarra con una nota de agradecimiento, sentí que mi misión estaba completa.

De camino al aeropuerto, hicimos una rápida visita a la casa de Gehrig en Meadow Lane 9 en New Rochelle, Nueva York. Lo primero que noté cuando llegamos a la casa que habíamos visitado el verano anterior fue un letrero de "Se vende" en el patio cubierto de nieve. Cuando tocamos el timbre, nos recibieron con grandes abrazos Jimmy y Marisol, nos invitaron a entrar y nos contaron la noticia de que estaban a punto de firmar la venta de su casa. Me preocupé cuando revisé los precios de casas semejantes en el barrio que se habían vendido recientemente y descubrí que Jimmy y Marisol estaban vendiendo su casa a la mitad del valor del mercado vigente. Sabía que Jimmy estaba incapacitado y no podía trabajar debido a una lesión, así que me ofrecí a ayudarles a solicitar una modificación del préstamo para que no perdieran su hogar. Esperaba que su agente inmobiliario comprendiera que ni a sus clientes ni al banco donde tenían la gran hipoteca les convenía vender la casa $ 300 000 dólares por debajo del valor de mercado; en especial esta hermosa casa de la que Lou Gehrig estaba tan orgulloso.

—Vi esta casa en septiembre de 1927 —dijo Lou a un reportero—. Me enamoré de ella en ese momento. Era el tipo de casa que me gusta. Mira esos árboles, tan grandes, son árboles de bosque. Son más grandes incluso que los que ves en Central Park. Tiene ocho o nueve habitaciones, tres pisos y un sótano. Te digo que es lo que siempre he querido.

Nuestra estancia en Connecticut fortaleció aún más el vínculo que sentía con mamá Gehrig, como si se hubiera convertido en mi propia familia. Sabía que mamá Gehrig fue una verdadera heroína ante la adversidad. Durante mis regresiones sentí la profunda sensación de pérdida que ella había experimentado después de la muerte de su hijo. Ahora también compartía el amor que sintió por los chicos del beisbol hasta el último día de su vida y la alegría que descubrió por medio de su defensa del beisbol infantil. Estaba segura de que mamá Gehrig amaba estar en cada partido de la liga infantil tanto como los chicos amaban tenerla ahí. Mi encuentro místico con esta mujer, que había fallecido trece años antes de que yo naciera, fortaleció mi creencia en la eternidad del alma y me demostró que el amor puede sobrevivir una vida.

Capítulo 23

108 costuras

No cesaremos de explorar
y el fin de nuestra exploración
será encontrar el punto de partida
y conoceremos ese lugar por primera vez.
T. S. ELLIOT "LITTLE GIDDING"

Nuestro regreso al soleado sur de California fue un alivio de las temperaturas bajo cero de la costa este. Después del retraso de un día por una fuerte tormenta de invierno, Christian y yo volvimos a casa la noche anterior al que se había convertido en mi día favorito del año, el inicio de la liga infantil. Desde el primer partido de la liga infantil en 1939, los viajes al estadio de beisbol han sido algo parecido a una experiencia religiosa para los niños que participan en un juego de adultos. Hoy no fue diferente. Christian, ahora con seis años de edad, estaba a punto de embarcarse en su cuarta temporada participando en este rito. Tanto para los padres como para los niños, cada comienzo de una nueva temporada de la

liga infantil suscita una expectación esperanzada de lo
que está por venir. Esa primavera, Christian iba a lucir
una camiseta negra con letras grandes y anaranjadas que
formaban la palabra *Gigantes* en el pecho, un pecado para
un fiel fanático de los Dodgers, pero la usó con orgullo
sabiendo que sus compañeros estarían haciendo lo mismo.

Lograr que una familia de cuatro personas se vista y
salga por la puerta antes de las ocho de la mañana de un
sábado, nunca es tarea fácil, pero el hecho de que hubiera
ganado tres horas cuando llegamos a la ciudad la noche
anterior estaba operando a mi favor. Cuando Christian
se sentó en el lugar donde siempre se amarraba los zapatos en el último escalón de la escalera, le hice doble nudo
a sus tacos y le leí un texto que el entrenador Kipp había
enviado esa misma mañana.

"Por favor, dile a Christian que le deseo un gran día
y que recuerde jugar limpio, esforzarse, nunca rendirse y
siempre divertirse".

Tenía la esperanza de que las palabras de aliento de
Kipp aliviaran los temores de Christian por jugar en la
Kid Pitch Division, con niños que eran hasta tres años
mayores que él.

Durante el corto recorrido en coche a los campos de
beisbol, Christian nos dijo que no estaba nervioso por
pichar a niños de tercero, pero que estaba petrificado
de que lo golpeara una bola lanzada por los pícheres

del equipo contrario, que eran mucho más grandes y más fuertes que él. Michael, Charlotte, Christian y yo disfrutamos de un desayuno de *hot cakes* previo a la ceremonia organizado por el Club Rotario local y luego nos dirigimos al *stand* del fotógrafo profesional, donde nos reunimos con el equipo de Christian para una foto de grupo.

Después del desayuno, fuimos al campo principal, donde cientos de jugadores de entre cuatro y trece años de la liga infantil se reunían en preparación para la ceremonia de apertura. Christian y yo nos sentamos con su equipo de los Gigantes, mientras Charlotte y Michael miraban desde las gradas. El ruido de la muchedumbre cesó cuando el presidente de la liga se acercó al micrófono en el plato para dirigirse a la multitud. Siguiendo su ejemplo, los chicos se quitaron sus gorras y las colocaron a la altura del pecho mientras sonaba el himno nacional en el sistema de sonido improvisado. Cuando terminó el himno, el presidente de la liga presentó al director del Salón de la Fama Nacional del Beisbol, Tommy Lasorda.

El ambiente se llenó de aplausos y gritos, mientras Tommy caminaba hacia el micrófono para dirigirse a la multitud. Incluso los niños que no sabían quién era percibieron que era un momento especial al ver las miradas de sorpresa en los rostros de sus padres y entrenadores.

—Creo que Dios puso a cada uno de nosotros en la tierra para ayudar a los demás —dijo Tommy—. El beisbol es un juego de ayudar a los demás, de unirse; no puedes ganar solo. El beisbol es un juego de comunidad; se necesita que nueve personas se ayuden mutuamente. Puedes ser el mejor pícher de todo el beisbol, pero alguien tiene que anotar una carrera para ganar el partido. Me encanta la idea de un toque de sacrificio, de entregarte por el bien del conjunto. Tu propio bien está en el bien del conjunto. Obtienes tu propia satisfacción individual en el éxito de la comunidad.

Tommy hablaba en serio y miró los rostros de los chicos cuando dijo:

—En tus manos está el futuro de nuestro país. Mientras estás en el campo con tus compañeros, jugando este hermoso juego, estás aprendiendo habilidades que te servirán para el resto de tu vida. Estás aprendiendo a seguir instrucciones, a llevarte bien con otras personas y a jugar según las reglas.

Tommy terminó su emotivo discurso diciendo: "Respeten a sus padres, en especial a sus madres, que hacen que todo sea posible".

Christian me miró con una sonrisa y le apreté los hombros. Mientras tanto, Tommy dijo:

—Las dos cosas que le debes a tus padres son amor y respeto —dijo, y luego les preguntó a todos en voz alta:

—¿Qué le debes a tus padres?

Cuando la respuesta no fue lo suficientemente fuerte, Tommy dijo: "¡No se oye! ¿Qué le debes a tus padres?".

La multitud gritó al unísono: "¡AMOR Y RESPE-TO!".

Satisfecho con la respuesta, Tommy devolvió el micrófono al presidente de la liga infantil, quien recitó el lema de la liga infantil.

"Creo en Dios. Amo a mi país y respetaré sus leyes. Jugaré limpio y trataré de ganar, pero gane o pierda, siempre voy a hacer mi mejor esfuerzo".

Antes de terminar, otra voz salió desde las bocinas, una voz que se había vuelto tan familiar para nuestra familia como la de un amigo cercano.

"He estado caminando en campos de beisbol desde hace dieciséis años…", dijo la voz de Lou Gehrig en una vieja grabación de su discurso de retiro en el Yankee Stadium, ese día memorable de 1939.

Christian me miró con los ojos muy abiertos en cuanto escuchamos la voz de Lou.

"…Y no he recibido más que amabilidad y aliento de mis fans. Cuando tienes un padre y una madre que trabajan toda su vida para que puedas tener una educación y cuidar tu cuerpo, es una bendición. Durante las últimas dos semanas han estado leyendo acerca de una mala racha por la que he pasado. Hoy me considero el hombre más afortunado sobre la faz de la Tierra. Y puedo haber tenido una mala racha, pero tengo mucho por qué vivir".

¿De verdad estaba pasando esto? Christian compartió mis pensamientos cuando dijo: "¡No puedo creerlo!".

Se movió para sentarse en mis piernas y lo envolví en un fuerte abrazo. La importancia del momento se grabó para siempre en nuestra memoria.

Cuando la multitud se dispersó, caminamos hacia el campo donde el primer partido de la temporada de Christian estaba a punto de empezar. Tommy Lasorda se unió a nosotros en las gradas donde nos sentamos con la familia y amigos, incluyendo a mi madre, su novio Dennis y tía Cinthia. El equipo de Christian iba a enfrentarse a mi entrenador menos favorito, el padre de ese niño que le pegó a Christian durante un partido y el resultado fue una lesión en el cuello. Cuando el entrenador caminó hacia primera base, hicimos contacto visual. Le sonreí y lo saludé con la mano, gesto inspirado por el sentido discurso de Tommy. El entrenador me sorprendió cuando me correspondió con una sonrisa. Con ese simple gesto, mi rencor hacia el hombre desapareció.

Christian se subió al montículo y mientras hacía el primer lanzamiento, mi corazón se llenó de gratitud. Era obvio que todo lo que había estado buscando estaba justo delante de mí. Me di cuenta de que no hay mayor placer que compartir los altibajos de la vida con la familia y los amigos. Las batallas luchadas y las lecciones aprendidas son mucho más importantes que la victoria, y el comienzo de una nueva temporada siempre está a la vuelta de la esquina, ya sea en los deportes o en la vida misma.

Quizá no sea coincidencia que una pelota de beisbol
tenga 108 costuras y el rosario tibetano tenga 108 cuentas. El beisbol no discrimina y no tenemos que creer
en el mismo Dios para estar en el mismo equipo. Es un
juego de valor, fuerza y carácter, capaz de hacer llorar
a hombres adultos. Por más fácil que parezca, es terriblemente difícil. Cualquiera que haya estado detrás del
plato sabe que no hay garantías de que su preparación,
su arduo trabajo y su perseverancia sean recompensados,
pero sin ellos, seguramente será ponchado. El beisbol
es un juego que abraza al fracaso, un espacio en el que
ser ponchado dos de tres veces se considera un éxito. El
exmánager de los Yankees, Joe Torre, solía contar a sus
jugadores sus propias experiencias de fracaso. Les habló
sobre aquella temporada en la que su promedio de bateo
disminuyó 90 puntos, apenas un año después de ganar
el título de bateo, y que una vez bateó cuatro veces para
doble play en un solo juego. Fracasar es humano, pero tomar la decisión de volver a levantarte después de fracasar
es sobrehumano.

Nunca me imaginé que ser madre me haría asom-
brarme ante los milagros y me lanzara al abismo de mis
propias limitaciones como madre y como ser humano.
He aprendido que vivir una vida espiritual no necesariamente significa sentarse en un tapete de yoga, ni en
la iglesia, ni en un templo. Todas esas cosas son buenas
y nos ayudan a encontrar el equilibrio, pero va mucho

más allá. Se trata de llegar a lo más profundo de nosotros mismos para encontrar el valor de perdonar y actuar con compasión y amabilidad, incluso en esos momentos en los que estamos delante de alguien que ha activado esos lugares oscuros de nuestro interior, que hacen que queramos causarle daño. Vivir una vida espiritual es como estar en un campo de beisbol de la liga infantil, ver que alguien lastima intencionalmente a tu hijo y responder a la situación con amor y no con ira. No estoy diciendo que debamos poner en peligro a nuestro hijo, ni tirarnos al suelo y dejar que otras personas nos usen de tapete, pero al honrarnos a nosotros mismos y a los demás, en los buenos y los malos tiempos, podemos marcar una verdadera diferencia y dejar que nuestra propia luz brille, mientras ayudamos a los demás a que brillen un poco más. En realidad, nunca se trató de beisbol. Se trata de un juego llamado vida.

Epílogo

Un guiño del universo

Una vida no es importante,
excepto por el impacto que causa en otras vidas.
JACKIE ROBINSON

Han pasado dos años desde aquel día de la inauguración de la liga infantil en 2015. Me pareció un momento apropiado para terminar esta historia porque marcó el comienzo de un nuevo capítulo en nuestra vida; uno en el que los recuerdos espontáneos de Christian sobre su vida como Lou Gehrig estaban volviéndose un asunto lejano. Era como si el ángel Lailah finalmente hubiera aparecido, presionado su labio superior con un "shhh" y lo hubiera llevado a una nueva vida, libre de recuerdos del pasado.

En la primavera de 2015, Christian y yo tuvimos una reunión con un productor de películas de Sony Pictures, al que un amigo en común le había hablado sobre nuestra historia. Después de preguntar a Christian sobre Lou Gehrig, el productor preguntó: "¿Lou Gehrig todavía vive?". Todos los presentes, incluyéndome a mí, se sorprendieron cuando Christian contestó con seguridad, "sí". El productor tuvo un diálogo divertido con Christian, mientras los demás observábamos en silencio.

—¿Dónde está?

—Aquí.

—¿Aquí dónde? ¿En esta habitación?

Christian asintió con la cabeza, metió la mano derecha dentro del cuello de su camisa y la puso en su pecho desnudo y dijo:"En mi corazón".

Estas tres palabras resumen a la perfección la manera en la que Lou y Christina Gehrig tocaron nuestra vida hasta la fecha. Christian aún conserva la foto de Lou y mamá Gehrig en el librero al lado de su cama, y Charlotte todavía lo molesta con Babe Ruth. Lou y Christina Gehrig se han convertido en miembros honorarios de nuestra familia y el cariño que sentimos por ellos es similar a los sentimientos que tenemos por nuestros seres queridos que han fallecido. La conexión siempre estará presente, aunque su presencia física se haya perdido.

En el verano de 2015, volví con Charlotte y Christian a Cooperstown, Nueva York, para el Cooperstown Baseball Camp de dos semanas con los Cepeda. Mi insistente impulso de revisar los documentos de la familia Gehrig había desaparecido junto con los recuerdos de la vida pasada de Christian. Nuestra historia estaba completa y la única vez que fuimos a la Biblioteca del Salón de la Fama Nacional del Beisbol, durante ese viaje, fue para asistir a la firma del libro de Tommy Lasorda, seguido de un almuerzo con nuestro miembro favorito del Salón de la Fama. Tommy se había convertido en un asiduo asistente a los partidos de All-Star de Christian ese verano, y los discursos motivacionales que daba en la caseta encantaban a padres y niños por igual.

Cuando salíamos del Salón de la Fama Nacional del Beisbol, el tío Tommy se detuvo frente a tres estatuas de bronce de tamaño natural en el vestíbulo. En la pared, junto a las estatuas, había una placa que decía: "Carácter y valor". Tommy leyó en voz alta los nombres de los tres hombres para que Charlotte y Christian escucharan: "Lou Gehrig, Roberto Clemente y Jackie Robinson". Después agregó: "¿Ven a estos tres hombres? Sus estatuas son lo primero que miras cuando entras al Salón de la Fama. ¿Saben por qué?". Después de una pausa, Tommy dijo: "Porque además de ser tres de los mejores jugadores de beisbol de todos los tiempos, estos hombres demostraron valor y carácter, dentro y fuera del campo. El carácter significa tratar a la gente de la manera que te gustaría que te trataran. Es decir, mostrar respeto a todas las personas, tener el valor de defender lo que es correcto y dar tu opinión sobre lo que está mal". El discurso de Tommy de ese día, aumentó todavía más el respeto y la admiración que sentíamos por Lou Gehrig y Tommy.

Durante ese viaje de dos semanas a la costa este, en el verano de 2015, nos fuimos a New Hampshire en coche para conocer al pastor Ken y a su encantadora esposa, Marilyn, que pasaban unos días en su casa de verano. Estaba emocionada de conocer a Ken en persona y ver la cabaña que había comprado con los ingresos de la herencia que mamá Gehrig le había dejado. Fue fácil reconocer al pastor Ken en el restaurante junto al lago, donde quedamos de encontrarnos, por el cuello que se asomaba debajo de su camisa azul. La conexión que sentí con este hombre de buen corazón fue inmediata y nos reímos cuando comentó que la blusa tejida que yo traía le recordaba a los tejidos de mamá Gehrig.

Después de comer hicimos una parada en la heladería local para probar uno de los mejores helados que he comido; luego hicimos una ronda de golfito y jugamos un partido de beisbol en un campo secreto, en el bosque diseñado como un mini-Fenway Park. Christian notó de inmediato el parecido del letrero de CITGO que se alzaba detrás de la gran pared verde del campo en el que había jugado durante la filmación de *Ese es mi hijo*. Christian y Charlotte se turnaron para batear, mientras que el pastor Ken hacía de cácher. El paseo terminó con una visita a la encantadora casa de Ken y Marilyn, que se encontraba en una colina con amplias vistas del pintoresco lago, enmarcado por árboles, y ubicada al lado del Centro de Conferencias Cristianas de la Bahía de Alton, donde Ken es pastor invitado durante el verano. Recordaremos siempre la amable hospitalidad de Ken y Marilyn, y Charlotte nunca nos dejará olvidar quién ganó en el golfito.

Nuestro viaje a la Costa Este terminó con una carne asada en Meadow Lane 9, en New Rochelle, Nueva York, la casa que Lou Gehrig había comprado en 1927, cuando firmó su primer gran contrato con los Yankees. Nuestros amigos, Jimmy y Marisol, los actuales dueños de la casa, invitaron a sus amigos y familiares a una comida en honor a nuestra visita. Fue una experiencia surrealista estar sentada en el jardín trasero, comiendo y platicando, mientras Charlotte y Christian se subían a los árboles y se mojaban con una manguera. La escena me parecía familiar y era un recuerdo de cuando mamá Gehrig recibía invitados en esa casa hace casi un siglo.

En el verano de 2016 regresé a Cooperstown, Nueva York, con la intención de terminar este libro. Renté un camper con aire acondicionado en el campamento de beisbol Cooperstown durante todo el mes de julio por solo 400 dólares a la semana; lo que cuesta una noche en un modesto hotel de Cooperstown durante el tan popular fin de semana de ingreso al Salón de la Fama Nacional del Beisbol. Christian, Michael y Charlotte se quedaron en el sur de California, para ver al equipo de beisbol All-Star de Christian ganar su pase a la Serie Mundial PONY para niños de siete años, mientras yo escribía entre diez a dieciséis horas al día dentro de mi camper en el bosque. Christian y su compañero de equipo, Ayden, lograron la muy rara hazaña de lanzar un juego perfecto durante el partido número 39 con miras a la Serie Mundial de ese verano. Después del partido final, Christian me alcanzó en Nueva York para asistir al Campamento de Beisbol de Cooperstown durante las dos últimas semanas de julio y yo me las arreglé de milagro para tener listo mi manuscrito el último día del viaje. Tenía la esperanza de llevarlo a un partido de los Yankees, mientras estábamos en Nueva York, pero la presión de mi fecha de entrega me mantuvo pegada a la computadora día y noche.

Hicimos el *check-in* en el aeropuerto de Albany con la intención de volver a Los Ángeles, pero Dios tenía otros planes para nosotros. El vuelo a Charlotte para hacer escala y después volar al aeropuerto de Los Ángeles había sido cancelado porque se aproximaba una tormenta. El empleado de la aerolínea dijo que tendría que conseguir una habitación de hotel, pagada por mí, y volver en la mañana. En ese preciso momento, en el mostrador de junto, una pareja estaba haciendo el *check-in* para un vuelo a Tampa Bay, Florida, en el último vuelo que saldría del aeropuerto de Albany ese día. Una rápida búsqueda en Google en mi teléfono reveló que una habitación de hotel en Tampa Bay costaría la mitad de una habitación de hotel en Albany, así que le dije al empleado que estaba ayudándonos: "¿Hay alguna posibilidad de que lleguemos vía Tampa Bay?". Y sí, nos subimos a un avión que se dirigía a Tampa Bay para volar a Los Ángeles a la mañana siguiente. El chofer del transporte hacia el hotel notó que Christian iba vestido con su uniforme de beisbol y dijo: "¿Sabes que los Yankees estarán en la ciudad este fin de semana para jugar contra las Rayas de Tampa Bay? Mañana es el último partido de la serie y siempre hay un montón de boletos disponibles". La carita de Christian se iluminó con una amplia sonrisa: "Mami, ¿podemos ir, por favor?".

Para cuando llegamos al hotel ya casi era medianoche y Christian se durmió enseguida. Me pareció que la llamada de despertador que pedí para las cuatro de la mañana sonó cuando acababa de cerrar los ojos. En lugar de meterme a la regadera y prepararme para volver al aeropuerto, decidí llamar a la aerolínea y preguntar si podríamos retrasar el vuelo un día para ir al partido. Unas horas después, cuando Christian se despertó, le di la sorpresa de que íbamos a ver el partido de los Yankees contra las Rayas de Tampa Bay, en lugar de regresar a casa. Nunca lo había visto tan entusiasmado por algo en su vida. Empezó a nombrar a todos los jugadores de ambos equipos y sus posiciones, una habilidad que había adquirido durante muchas horas jugando beisbol en su PlayStation. Cuando nos subimos al Uber, Christian dijo: "¡Dios mío, por favor, déjame conocer a Evan Longoria de las Rayas!".

El chofer del Uber no pudo llevarnos hasta la puerta principal del estadio porque estaba cerrado el acceso a los coches, por lo que nos dejó en una entrada lateral. Cuando entramos al vestíbulo con aire acondicionado del estadio cubierto, lo primero que vimos fue una gran fotografía enmarcada de Lou Gehrig que iban a rifar. Por supuesto, no pude resistirme a participar en la rifa para tentar al destino. Lo que pasó después es algo que ninguno de nosotros olvidará jamás. Mientras caminábamos hacia nuestros asientos, en la gran pantalla apareció un video de Lou Gehrig dando su discurso de "El hombre más afortunado". Un hombre en un podio cerca del plato recitó las palabras del famoso discurso de Lou Gehrig y rápidamente se hizo evidente que estábamos en una presentación en honor a Lou Gehrig por el Día de Concientización de la ELA. Aquí estábamos, en una ciudad en la que no debíamos estar, a punto de ver un partido de los Yankees y en la pantalla estaban poniendo un video de Lou Gehrig. De inmediato saqué mi cámara para grabar el momento y demostrarme que no era un sueño.

Cuando terminó la ceremonia previa al partido, bajamos a la caseta para ver más de cerca a los jugadores mientras calentaban en el campo. De la nada salió un hombre que presentó a Christian al jugador estrella de las Rayas de Tampa Bay, Evan Longoria, el mismo Evan Longoria al que Christian pidió a Dios encontrarse. El hombre me dio su tarjeta de presentación, en la que aseguraba que tenía el récord Guinness por poseer la mayor colección de pelotas de beisbol autografiadas, más de 4400 en total. Christian le preguntó: "¿Tienes alguna pelota firmada por Lou Gehrig?". El hombre respondió de inmediato: "Claro que sí. Tengo cuatro pelotas firmadas por Lou Gehrig". En ese momento, Evan Longoria se acercó a donde estábamos parados y yo tomé un video de él firmando una pelota y aventándosela a Christian. Ese día estaba convirtiéndose en el mejor día de la vida de Christian hasta la fecha. Estoy segura de que no es ninguna sorpresa oír que acabamos ganando la foto enmarcada de Lou Gehrig, y después del partido, Christian y yo posamos para una foto con nuestra preciada foto de Lou Gehrig frente a la caseta de los Yankees. Considero que ese día tan memorable en el estadio fue una señal del universo.

La sincronización de esa señal particular del universo no me pasó inadvertida. Desde que emprendimos el viaje y decidí compartir nuestra historia con el mundo, para mí no fue fácil, nada fácil, saber si estaba tomando la decisión correcta o no. Desde el principio sabía que escribir este libro podría herir a la gente que más me importa. Me preocupaban interminablemente los efectos negativos que podría tener sobre la vida cotidiana de Charlotte y Christian. Este profético día en Tampa Bay me pareció la confirmación de que estaba en el camino correcto. Mis miedos se derritieron y desde ese día en adelante, me centré en que la vida de mucha gente podría verse afectada de una manera positiva al leer nuestra historia. Espero que, después de leer este libro, la gente se sienta inspirada a amar un poquito más, a juzgar un poco menos y a atesorar la aventura de vivir cada día al máximo. Nunca pude encontrar una explicación del porqué una pelota de beisbol tiene 108 costuras y por qué un rosario tibetano tiene 108 cuentas, pero sí festejé cuando los Chicago Cubs ganaron la Serie Mundial por primera vez en 108 años. También sé con seguridad que lo verdaderamente importante en esta vida es la diferencia que marcamos en la vida de los demás.

El amor es la respuesta, siempre.

Agradecimientos

Hay tres personas especiales, más bien ángeles en la tierra, sin quienes este libro no existiría: Karin Gutman, Mira Kelley y el Dr. Wayne Dyer.

Mis primeras palabras de agradecimiento son para Karin Gutman, mi gurú de la escritura. Responder al anuncio de Karin en jenslist.com para asistir a un taller de escritura llamado Unlocking Your Story, en el verano de 2014, quizá haya sido la decisión que más me haya cambiado la vida. El taller prometía "dar rienda suelta a las historias que reflejan la singularidad de tu viaje personal", y lo hizo. Mi sincero agradecimiento también es para mis increíblemente talentosos compañeros de clase que me ayudaron a expresar mi voz como escritora y a reunir el valor para compartir esta historia con el mundo.

También fue Karin quien me sugirió que asistiera al taller de escritura de Hay House, en Maui, que finalmente me llevó a ganar un concurso de publicación de libros.

El segundo rayo de luz que entró a mi vida en el momento justo fue la autora de Hay House y terapeuta de regresiones, Mira Kelley. Mira parece tener una conexión directa con el Divino, y fue fundamental para que compartiera nuestra historia con el Dr. Wayne Dyer. En enero de 2015, Mira fue a la casa, en el sur de California, y realizó una sesión de regresión con Christian para ayudarle a soltar sus lazos con Lou Gehrig. Desde la vista de Mira, Christian no ha tenido que volver al médico para que le den tratamientos respiratorios. Ese es uno de los mayores regalos que se derivó de nuestro viaje al pasado. También quiero agradecer de manera especial a la asistente de Mira, Tamra Edgar, por su amor y su apoyo en cada momento del camino.

El tercer ser mágico y pieza fundamental para que este libro cobrara vida, ya no está con nosotros en su forma física, pero siento su presencia más que nunca en los milagros y las sincronías que continúan desarrollándose alrededor de nuestra historia. Conocí al Dr. Wayne Dyer en el taller de escritura de Hay House, en Maui, en junio de 2015, dos meses antes de su fallecimiento. En ese momento, él y su coautor, Dee Garnes, estaban poniendo los toques finales de su libro *Memories of Heaven: Children's Astounding Recollections of the Time Before They*

Came to Earth. El entusiasmo de Wayne por nuestra historia fue lo que inspiró a Reid Tracy y Patty Gift, de Hay House, a darme la oportunidad como autora primeriza sin ninguna plataforma previa.

Me gusta referirme a mis amigos que han estado allí, acompañándome en cada paso del camino para publicar esta obra como "mis ángeles del libro". La versión condensada de esta lista la conforman mi perspicaz publicista Michael Levine y mis amigos Christopher Broughton, DeVon Franklin, Cinthia Dahl, Mela Conway Breijo, Kathryn Werner, Melissa Oppenheimer Friedman, Lisa Fugard, Natasha Stoynoff, Shirley Brooke, Brigitte Perreault, Catherine Sarah Manna, Lon Rosen, Rachel Rose Brekke, Alvin y Gwen Clayton, Kimberly Ruic, Elizabeth McDonnell, Betsy Michaud, Julie Rodriguez, María Sprowl, Angelo Anastasio, Alina Shalev, Leon Capetanos, Rhonda Finkel, Ann Bucklin, Gary Hudson, Reid Nathan, Stacy Morgan-Kaine, Steve Lyons, Kathee Wilson, Kajsa Garrett, Steph Arnold, Beth Bell, Zhena Muzyka, Mikki Willis, Patty Aubrey, Tammy Anczok, Genta Luddy, Lynda Huey, Dee Garnes, Serena Dyer y Zoe Kors.

Nunca olvidaré el centro Yoga Barn, en Ubud, Bali, donde pasé un mes escribiendo mi primer borrador en compañía de 30 escritores igualmente comprometidos a iluminar al mundo con luz y amor. Estoy especialmente agradecida con mis hermanas de la tribu de escritores: Satchi Royers, Jodie Jaimes y Katie Rudman, y con nuestro fabuloso anfitrión Alit "Agung" Sumerta. Muchas gracias también a nuestro estudiante alemán que estuvo de intercambio, Max Lorenz, ya que mantuvo entretenidos a Charlotte y a Christian mientras yo estuve fuera.

Estoy especialmente agradecida con todos los maravillosos entrenadores de beisbol juvenil que han nutrido el amor de Christian por el juego. Nick Koep: te agradezco a ti, antes que a nadie, por ser su primer entrenador y mentor durante tres años consecutivos. Las innumerables horas que has dedicado a trabajar con Christian dentro y fuera del campo no tienen precio, pero te agradezco más por siempre hacerlo divertido. Una palabra de agradecimiento también va para el entrenador Jay Lucas y para su sobrehumana esposa y mamá de beisbol, Kirsten, quien acuñó la frase: "¿A quién le importa el beisbol? ¡Aquí estamos formando a hombres jóvenes!". Y a todas las fantásticas familias del beisbol que he llegado a conocer y a amar a través de los años; eso te incluye Harris "Pops" Steinberg.

Nunca habría terminado este libro sin el apoyo incondicional de mis clientes inmobiliarios que me dieron su respaldo cuando mis plazos de publicación requerían la mayor parte de mi atención; agradezco en especial a Grace y Masaki Matsuo, cuyos depósitos llegaban en medio de mi plazo de entrega. También estoy increíblemente agradecida con mis compañeros de bienes raíces de COMPASS y con nuestros intrépidos líderes Robert Reffkin, Jay Rubenstein y Kathy Mehringer.

Mi gran respeto y admiración a la extraordinaria gente de Hay House, la única editorial con la que siempre quise trabajar. Estoy agradecida por el amor y el toque creativo de todo el equipo de Hay House, en especial el de mi talentosa editora Sally Mason-Swaab. Gracias por ser los campeones de mi libro: Patty Gift, Reid Tracy, Stacey Smith, Stacy Horowitz, Richelle Fredson, Marlene Robinson y Jo Burgess. Mi más sincero agradecimiento también va para 99designs.com por el diseño original de la portada y a Tricia Breidenthal, por la versión nueva y mejorada. También agradezco infinitamente las contribuciones artísticas de Pamela Homan y Caroline DiNofia, y a la dulce Diane Thomas, porque debemos haber roto algún tipo de récord por haber conseguido tantas licencias fotográficas y lanzamientos para un solo libro.

A todas las personas que me dieron permiso de escribir sobre la manera en que han tocado nuestras vidas: gracias, pues sin su apoyo no habría historia qué contar. Esta lista de superhéroes de la vida real incluye al Dr. Jim B. Tucker, Tommy Lasorda, reverendo Kenneth y Marilyn Steigler, Jeroen de Wit, Kenneth B. Hawkins, Carol Bowman, Jimmy Fizzinoglia, Marisol Lopez, coach Kipp Taylor, Rhiannon Potkey, Tracy Lappin, mi prima Leanne Woehlke (Epic Yoga), mi hermana Laura Hickman (y su madre Sonia Byrd), Joe McDonnell, Ben Maller, Debbie Tate-Baltau (Sra. B), Adam Sandler, Jessi Moore, Kevin Grady, Dennis Foley, Ali y Malcolm Cepeda, Juli y Dwaine Sharratt, Matt Rothenberg y John Horne. Mark J. Terrill, Jon SooHoo y Ed Lobenhofer; gracias por captar tan maravillosamente las fotos del primer lanzamiento de Christian en el Dodger Stadium. También estoy agradecida por la ayuda del Salón de la Fama del Beisbol, los Dodgers de Los Ángeles, Wilson Sporting Goods y la Liga Mayor de Beisbol.

Jack Canfield: tu generosidad de espíritu es increíble y eres una inspiración en mi vida diaria. Gracias por creer en mí más de lo que yo creía en mí misma. Tú y tu maravilloso equipo aparecieron en mi vida en el momento justo. También estoy agradecida con los trabajadores de la luz, que sacaron tiempo de sus ocupadas agendas para leer un libro de un autor desconocido y ofrecer sus palabras de apoyo. Gracias al Dr. Eben Alexander, a Karen Newell, a John Gray, al Dr. Brian L. Weiss, a Michael Bernard Beckwith, a Mike Dooley, al Dr. Shefali Tsabary, a Robert Holden, a James Van Praagh, a Mira Kelley, a Elliot Mintz, a Mark Langill y a Tommy Lasorda.

A mis padres, Judy y Richard Byrd; todo lo bueno que he hecho en mi vida es por ustedes. Gracias por ser mi guía. A Michael: gracias por permitirme cumplir mi sueño de toda la vida de convertirme en madre, y por inspirarme a abrir mis alas y volar. A Charlotte y Christian: mi amor por ustedes no tiene límites. Gracias por el regalo de ser su mamá y por la alegría única que traen a mi vida. Siempre seré su mayor fan.

Estoy eternamente agradecida con Dios, el maestro creador de esta gran aventura que llamamos vida.

Sobre la autora

Cathy Byrd es agente de bienes raíces residenciales y madre de dos niños pequeños. Nunca había tenido aspiraciones de convertirse en escritora hasta que su hijo de tres años comenzó a compartir recuerdos de ser un jugador de beisbol de los años 20 y 30. Nacida en el sur de California, Cathy recibió el título de Administración de Empresas de la UCLA, y de la maestría en Administración de Empresas de la Universidad Pepperdine. Antes de convertirse en agente de bienes raíces, Cathy tuvo una interesante carrera de diez años en mercadotecnia deportiva, trabajando para la Copa del Mundo y los Comités Organizadores del Relevo de la Antorcha Olímpica, y como vicepresidente de la Magic Johnson Foundation. Es muy probable que Cathy pase su tiempo libre en un campo de beisbol juvenil.

Para obtener más información y tener acceso a las transcripciones completas de las regresiones, visita:

cathy-byrd.com

TÍTULOS DE ESTA COLECCIÓN

La Inquisición. La verdad detrás del mito. *John Edwards*

La niebla. *Rob MacGregor y Bruce Gernon*

La SS. Su Historia 1919-1945. *Robert Lewis Koehl*

Lamento. El engaño de la reina de las hadas. *M. Stiefvater*

Las esposas Tudor. *Alison Sim*

Las leyes del pensamiento. *E. Bernard Jordan*

Las mujeres Tudor. Reinas y plebeyas. *Alison Plowden*

Lo siniestro, el horror y su vida. *Edgar Allan Poe*

Los derechos históricos sobre el territorio de los Estados Unidos. *Dr. J. J. Mateos*

Los piratas de las islas británicas. *Joel Baer*

Masonería. Rituales, símbolos e historia de la sociedad secreta. *Mark Stavish*

Mensajes de la madre María al mundo. *Annie Kirkwood*

Misterios y secretos de los masones. *Lionel y Patricia Fanthorpe*

Muerte por prescripción. *Terence H. Young*

Príncipes, sapos y hermanas odiosas. *Dr. Allan G. Hunter*

Azul es para las pesadillas. *Laurie Faria Stolarz*

Blanco es para la magia. *Laurie Faria Stolarz*

Plata es para los secretos. *Laurie Faria Stolarz*

Rojo es para los recuerdos. *Laurie Faria Stolarz*

¿Quién lo descubrió?, ¿qué y cuándo? *David Ellyard*

Revelación del código masónico. *Ian Gittins*

Rey de oros. El negocio de la basura. *Raciel Trejo*

Rituales de los cuentos clásicos. *Kenny Klein*

Sé quien quieres ser y obtén lo que quieres tener. *Prentiss*

Secretos de la lanza sagrada. *Jerry E. Smith y Gerorge Piccard*

Símbolos secretos y arte sacro. Tradiciones y misterios. *James Wasserman*

Tu nombre es Mamá. *Luis H. Rutiaga Cárdenas*

Un sitio aparte. El infierno de la esquizofrenia. *R. Gagnon*

Una historia ilustrada de los caballeros templarios. *James Wasserman*

Esta obra se terminó de imprimir
en el mes de octubre de 2017
en los talleres de Edamsa Impresiones S.A de C.V.
con domicilio en España 385,
Col. Fracc. San Nicolás Tolentino,
Delegación Iztapalapa.